Haftungsausschluss

Der Inhalt dieses Buches basiert auf allgemein zugänglichen Informationen, eigenen Recherchen und Erfahrungen. Die Empfehlungen dieses Buches erfolgen nach besten Wissen und Gewissen. Eine Haftung aufgrund der publizierten Inhalte ist dennoch ausgeschlossen.

Copyright

Alle Inhalte dieses Buches sind geschützt durch Copyright. Jede Vervielfältigung der Texte ist strengstens verboten und erfordert die individuelle Einwilligung des Autors. Alle Rechte vorbehalten Copyright © Kein Geld? Selber schuld! All Rights Reserved

www.goldfinger-report.com

Verlag:
CreateSpace, a DBA of On-Demand Publishing, LLC

ISBN-13: 978-1542852241
ISBN-10: 1542852242
©2017
Autor/Kontakt:
Alexander Fuchs
info@goldfinger-report.com

Einleitung

KEIN GELD? SELBER SCHULD!

von Alexander J. Fuchs

Als allererstes muss ich eingestehen – der Titel dieses Buches klingt sehr reißerisch, aber um ehrlich zu sein – es steckt ziemlich viel Wahrheit darin und wenn Sie dieses Buch komplett gelesen haben – dann werden Sie diese Aussage in einem ganz anderen Licht betrachten.

Das Hauptthema dieses Buches ist:

Wie erlange ich finanzielle Unabhängigkeit

Dieses Buch wird Ihr ganzes Leben verändern. Die Informationen dieses „kleinen", aber sehr effektiven Buches sind unbezahlbar und können Ihr Leben dramatisch verändern, in anderen Worten – Sie halten den „Schlüssel" in Ihren Händen zu einem neuen Kapitel in Ihrem Leben – genannt finanzielle Unabhängigkeit. Auf diesem Level werden Sie die Welt in einer ganz anderen Art und Weise wahrnehmen. Sie werden in der Lage sein, klar zu denken, gesund zu sein und das Leben wirklich zu genießen.

In diesem Buch werde ich Ihnen die „Werkzeuge" zeigen, die unsere selbsternannte globale „Elite" nutzt, um unglaublichen Reichtum zu generieren. Der Hauptkern dieses Buches ist die Börse – und wie man diese für sich nutzen kann. Leider sind immer noch die meisten Menschen nicht daran interessiert oder gar geängstigt, weil sie denken dieses „Feld" wäre zu kompliziert für sie. In meinem Heimatland halten gerade einmal etwa 5% der Deutschen Bevölkerung Aktien. In den Vereinigten Staaten von Amerika scheinen die Menschen ein ganz anderes Interesse an Wohlstand bzw. Geld zu haben – so „spielen" laut Statistiken etwa 40 % der amerikanischen Bevölkerung am Aktienmarkt. Aber hier liegt schon das erste Problem! Es reicht nicht nur an der Börse zu „spielen"! Sie müssen es mit den „richtigen" Instrumenten, am „richtigen" Markt, zur richtigen Zeit tun. Punkt! Und in diesem Buch werde ich Ihnen zeigen wie. Aber bevor wir mit unserem Programm beginnen, möchte ich Sie noch auf eine Sache hinweisen bzw. klarstellen. Ich bin kein egoistischer Kapitalist, wie es anfangs etwa erscheinen könnte. Ja es ist richtig, ich bin ein Investor der aus Geld – Geld macht. Und ja, ich habe eine Menge „Geld", aber Sie werden mein wirkliches Wissen und meine Philosophie verstehen, wenn Sie dieses Buch beendet haben. Denn ich bin mir der „Dinge" die jetzt in der Welt hinter „verschlossenen Türen" passieren und geplant werden, völlig bewusst. Aber ich werde hierauf nochmals ausführlich in einigen meiner Kapitel eingehen. Hier ist ein schneller Überblick, was Sie in diesem Buch erwartet. (Bitte seien Sie nicht eingeschüchtert oder gar verängstigt, dass einige der nun folgenden Punkte zu kompliziert für Sie wären – ich kann Ihnen versichern, dies wird nicht der Fall sein, Sie werden alles verstehen – auch wenn Sie vorher noch nie etwas mit der Börse zu tun gehabt haben!)

4

INHALT

Meine Geschichte! 8

Kapitel I. Grundlagen des Geldwesens 11

   1.1. Was ist Geld? 11

   1.2. Wo kommt das Geld her? 14

   1.3. Wer kontrolliert das Geld? 22

Kapitel II. Der richtige Umgang mit Geld 24

   2.1. Wie man Geld spart! 24

   2.2. Wie man Geld ausgibt 28

   2.3. Wie man Geld verwaltet 31

   Update 35

Kapitel III. Die Wahrheit über unsere Gesellschaft: wie das System Sie unten hält 37

   3.1. Warum keine Schule auf diesem ganzen Planeten Ihnen beibringt, wie man „richtiges" Geld verdient! 37

   3.2. Warum die meisten Menschen pleite sind 47

   3.3. Achten Sie auf Ihre Freunde 53

   3.4. Das richtige „Mindset" 57

Kapitel IV. Reich in den Ruhestand 59

   4.1. Gold und Silber: der Rettungsanker 59

4.2. Die größte Chance Ihres Lebens 61

4.3. Die beste Strategie für den Ruhestand 63

4.4. Die Zukunft der globalen Wirtschaft 66

Kapitel V. Grundlagen des Investierens 69

5.1. Die Börse: das Casino für Profis 69

5.2. Wie man an der Börse spielt 71

5.3. Der goldene Kreislauf 76

5.4. Die 10 goldenen Regeln des Investierens! 79

5.5. Die 3 Arten des Investors 80

Kapitel VI. Die größten Mythen und Unwahrheiten der Börse.... 84

6.1. Mythos Nr. 1: Die Börse ist sehr kompliziert 84

6.2. Mythos Nr. 2: die Stop-Order 86

6.3. Mythos Nr. 3: 10% Jahresrendite ist „gut" 89

Kapitel VII. Wie man investiert: die besten Strategien für die Börse 91

7.1. Die 2 Stufen des Investierens 91

7.2. Die „Kapitalgewinntaktik" 95

7.3. Wie man Optionen handelt 97

7.4. Wie Sie täglich 100€ und mehr im Dax erzielen 107

7.5. Meine Strategie mit den CoT-Daten 111
7.6. Meine Strategie für Minenaktien 114
7.7. Die Geldkarte 118
Kapitel VIII. Wie man finanziell unabhängig wird 119
8.1. Die 3 Komponenten finanzieller Unabhängigkeit 119
8.2. Wie Sie eine bedeutsame „Geld Kuh" aufbauen 126
8.3. So investiert man in Immobilien/Ackerland/Aktien! 128
Schlusswort 131

Meine Geschichte!

Bitte seien Sie unbesorgt, was nun folgen wird, ist keine „Neuauflage" aller „Wolf of Wallstreet" alias Hollywood BS (ich fand den Film trotzdem äußerst unterhaltsam). Ich werde Ihnen einen kurzen Überblick bezüglich meiner Person geben – **Wer** ich bin – **Woher** ich komme – und **Was** ich jetzt mache!

Mein Name ist Alexander Joachim Fuchs. Ich bin geboren und aufgewachsen in Deutschland und entstamme einer deutschen Mittelschichtfamilie. Mein Vater war Oberstudienrat, meine Mutter Bankkauffrau, später dann Lehrerin.

Nachdem ich meine Schullaufbahn beendete, absolvierte ich eine Ausbildung zum Groß und Außenhandelskaufmann in der Holzindustrie. Dies war der entscheidende Moment in meinem Leben, an dem ich realisierte, dass ich anders leben will. Ich begann zu sehen wie die „Arbeitswelt" das Leben und die Träume dieser Menschen zerstörte und kalte gefühlslose „Zombies" aus ihnen machte. Zudem schien niemand dieser „Trauerfiguren" wirkliches Geld zu verdienen, geschweige denn – glücklich zu sein. Ich verstehe diese „Zombies" übrigens bis zum heutigen Tage nicht – aber das ist eine andere Geschichte.

Also tat ich das was jeder halbwegs denkende Mensch in dieser Situation machen würde und stellte mir die drei folgenden Fragen:

1. **Was ist eigentlich Geld?**
2. **Woher kommt das „Geld"?**
3. **Wer kontrolliert es?**

Nachdem ich diese **3 Fragen** für mich beantworten konnte, wusste ich was zu tun war! Ich studierte den Finanzmarkt. Ganz eigenständig! Keine Schule – keine „Lehrer" – keine Mainstream Medien und am wichtigsten – keine hirnlosen „Freunde" mehr (ich werde hierzu noch näher ins Detail gehen in dem Abschnitt („**Achten Sie auf Ihre „Freunde"**). Als ich dann meinen Wissenstand erheblich ausbaute in dem Sektor des Geldwesens, traf ich auf meine – wie ich sie nenne – persönlichen Mentoren. Diese Gentlemen waren die besten – ich meine wirklich die besten auf ihrem jeweiligen Gebiet, denn diese Herrschaften handelten „gegen" die Massen, oder mit anderen Worten, sie handelten alle mit „Hirn" und konnten ebenfalls die anfangs genannten **3** „magischen" Fragen beantworten. Zudem hatten all diese Herren mehr als 20 Jahre Erfahrung als ich. Ich traf meine Mentoren durch Bücher, Videos, Seminare oder aber auch auf persönlicher Ebene. Und nun hoffe ich Ihr persönlicher Mentor zu werden. Das System welches wir in diesem Buch besprechen werden, kann Ihnen helfen aus dem „Nichts" großen Reichtum aufzubauen. Finanzielle Unabhängigkeit! Mithilfe dieser Strategien, verdiente ich genug Geld um meinen damaligen Job bei einem internationalen Autoteilzulieferer im Alter von „nur" 24 Jahren zu kündigen. Danach gründete ich meinen eigenen internationalen Börsenbrief – den Goldfinger-Report™

(www.goldfinger-report.com), mit dem ich Menschen weltweit Kaufempfehlungen für die weltweiten Aktienmärkte gebe, basierend auf meinen eigenen entwickelten Strategien.

Ich halte zudem auch Vorträge und plane eine „Welttournee" für Investoren weltweit. Aber nun lassen Sie uns endlich anfangen!

Kapitel I. GRUNDLAGEN DES GELDWESENS

1.1. WAS IST GELD?

Um diese Frage beantworten zu können, müssen Sie die Unterschiede zwischen Geld und einer Währung kennen. Gold und Silber sind Geld, denn es sind beides seltene Materialien + es erfordert Zeit und Arbeit diese zu fördern und „herzustellen" (in Münzen oder Barren). Des Weiteren sind diese beiden Materialien „wetterfest" und können so den Wert von Gütern und Dienstleistungen durch alle Zeiten hindurch transportieren. Der wichtigste Aspekt jedoch ist – beide Materialien sind **limitiert**. Das ist auch der entscheidende Grund, warum damals so gut wie alle hoch entwickelten Gesellschaften in der Menschheitsgeschichte Gold, Silber oder auch Kupfer als Zahlungsmittel in ihren Wirtschaften verwendeten.

Eine Währung ist ein „legales" Zahlungsmittel für Güter und Dienstleistungen innerhalb eines Staates oder mehrerer Länder. Der Wert dieser Währung hängt allein von dem Vertrauen ab, dass die Menschen in diese haben (wenn die besagte Währung keinen **realen** Gegenwert hat/also nicht gedeckt ist – wie alle Währungen die wir heute haben). Eine „fiat" (lat. es entstehe) **Währung kann so oft gedruckt** werden, wie es die Geldkontrolleure wünschen. Allein durch diesen Umstand entstehen Inflation und Deflation, da die „Bankster" die Geldmenge kontrollieren, sprich regulieren. Mithilfe dieses

Mechanismus kann die Elite, die die Zentralbanken der westlichen Welt vollständig kontrolliert (**FED, EZB, BIZ**), die wahren Reichtümer der Menschen stehlen wie Häuser, Autos, Land und andere Sachwerte, indem sie die jeweilige Währung entwerten durch **Inflation** (exzessives Geldrucken) und die Menschen gezwungen sind ihre Sachwerte zu verkaufen, oder durch „crashen" der Wirtschaft indem sie die Geldmenge stark verringern (reduzieren der Kredite) um anschließend alles und jeden aufzukaufen. Das ist der wahre Grund warum wir weltweit kein gedecktes Geldsystem mehr haben. Wie ich es ebenfalls (in größerem Umfang) in einem der folgenden Kapitel noch erläutern werde – wir leben in einem pyramidenförmigen Machtsystem – die **Masse arbeitet für die Klasse** und die Banknoten in Ihrer Tasche haben nur den einzigen Zweck Ihren wahren Reichtum zu stehlen – Ihre **Zeit** und **Energie**! Der Investor und Buchautor Robert Kiyosaki (Rich Dad, poor Dad) sagte einmal: „**Cash is trash!**" Nun, er hat recht. Aber mit diesem Wissen im Hinterkopf können und müssen Sie Ihre Beziehung zum Papiergeld ändern. Sie müssen es ausschließlich als Mittel nutzen, um mithilfe von Investments noch mehr Reichtum zu generieren – niemals um Ihren Reichtum zu sichern. Wenn Sie dieser einfachen Regel folgen, werden Sie zu den „Gewinnern" zählen. Ich weiß, es ist ein sehr korruptes System in dem wir heutzutage leben, aber für einen Wandel ist es längst zu spät. Sie sollten daher die in diesem Buch veröffentlichten Methoden nutzen, um noch rechtzeitig auf den „Geld-Zug" aufzuspringen - bevor auch Sie und Ihre Familie zu den Opfern des Systems zählen werden. Denn die breite Masse der „Schafe" wird erst „aufwachen" und versuchen das System zu ändern, nachdem großen entscheidenden „Zusammenbruch" – Crash! Selbst der berühmte Bankier J.P. Morgan sagte einst: **„Gold ist Geld, alles andere ist Kredit!"** Denken Sie mal darüber nach.

Zusammenfassung:

- Nachdem 1971, Präsident Richard Nixon den Dollar von dem Goldstandard trennte, hörte Geld auf Geld zu sein und wurde eine „Währung", welche nur durch Schulden „gedeckt" ist.
- Geld muss ein Speicher von Werten sein und seine Kaufkraft über lange Perioden bewahren.
- Das griechische Universal Genie Aristoteles schrieb schon damals über die 4 nötigen Charakteristiken des universellen Wertes (was wir heute als Geld bezeichnen). Es muss:
    - langlebig
    - tragbar
    - teilbar
    - und werthaltig sein.

Sie sehen also, Gold und Silber weisen beide diese 4 Charakteristiken auf, das ist auch der Grund warum sie nun schon seit über 5000 Jahren Geld sind!

1.2. Wo kommt das Geld her?

Okay, ich muss zugeben – dieser Teil meines Buches ist etwas komplizierter, aber ich habe versucht diesen nun folgenden Mechanismus so einfach wie möglich darzustellen. Selbst wenn Sie diesen Abschnitt nicht gleich beim ersten Mal verstehen, seien Sie unbesorgt – es dauert eine Zeit lang bis man es wirklich „verinnerlicht" hat. Ich werde nun die Video Serie von dem großartigen Investor und Aufklärer – Mike Maloney „The biggest Scam in human history of mankind" – „Hidden secrects of money 4" darstellen. Ich würde Ihnen zusätzlich empfehlen, bitte gehen Sie auf You Tube und schauen Sie sich die komplette Serie an, denn:

1. Sie ist umsonst.
2. Sie werden wesentlich schneller lernen, aufgrund der Animationen.
3. Es gibt hierzu noch sehr viel mehr Informationen, die ich in diesem „kleinen" Buch nicht alle darstellen kann.

Ich werde also die wichtigsten Punkte dieses Programmes in diesem Abschnitt des Buches verwenden. Sie können auch die Website von Mike Maloney besuchen unter www.Hiddensecrectsofmoney.com.

Die Erschaffung von Geld

– aus dem Programm „Hidden secrects of money" von Mike Maloney –

Wir werden den US Dollar als Beispiel nehmen, aus dem einfachen Grund, weil er die Weltleitwährung ist. Das folgende Modell ist heute so gut wie in jedem Land dasselbe.

Schritt 1.

Es beginnt alles damit, wenn ein Politiker sagt: „Wählt mich und ich werde dafür sorgen, dass unsere Regierung mehr „freien Stoff" als meine Opposition bereitstellt." Aber wie Sie bestimmt schon ahnen – es gibt nicht so etwas wie ein kostenlosen „Lunch" und um diesen Lunch bereit stellen zu können – muss die Regierung nun mehr ausgeben als sie einnimmt. Diesen Vorgang bezeichnet man als **Defizitfinanzierung**. Um diesen Defizit zu finanzieren muss sich die Staatskasse Geld leihen indem sie Staatsanleihen herausgibt. Was ist eine Anleihe? In Wirklichkeit ist eine Staatsanleihe nichts weiter als ein sichergeredeter Schuldschein (Schuldversprechen). „Leihen Sie mir eine Trillion Dollar und ich verspreche Ihnen über eine Zeitperiode von 10 Jahren diese Summe + Zinsen zurückzuzahlen." Aber diese sogenannten Schuldscheine erhöhen die Staatsverschuldung und müssen von Ihnen und Ihren zukünftigen Generationen durch Besteuerung bezahlt werden. **Erinnerung:** Wenn die Regierung Anleihen herausgibt, dann stiehlt sie damit den Wohlstand der Zukunft, um ihn heute auszugeben.

Die Schatzkammer (Staatskasse) hält dann eine „Bond-Auktion". Hier erscheinen nun die größten Banken und konkurrieren, um Anteile unserer Staatsverschuldung zu kaufen und durch die anfallenden Zinsen zu profitieren.

Schritt 2.

Dann wird durch ein Hütchenspiel, welches „Offenmarktgeschäfte" genannt wird, den Banken die Möglichkeit eröffnet, einige dieser Bonds (Staatsanleihen) an die Federal Reserve Bank (**FED**) für einen Profit zu verkaufen. Um diese Staatsanleihen nun zu bezahlen, schreibt die FED sogenannte „Schecks" aus. Und hier liegt das Problem. Die FED hat **keinen einzigen** Cent in ihren Büchern. „Wenn Sie oder ich einen Scheck ausschreiben, dann müssen sich hierfür ausreichende Mittel auf unseren Konten befinden um diesen Scheck zu decken, aber wenn die FED einen Scheck ausschreibt, dann existiert kein Konto welches diesen deckt. Wenn die Federal Reserve einen Scheck ausschreibt, dann erschafft sie Geld." – „Putting it simple", Boston Federal Reserve.

Dann überreicht die FED diese Schecks an die Banken und an diesen Punkt springt die Währung in die Existenz.

Zusammenfassung: Die Schatzkammer (**Staatskasse**) schreibt Anleihen (**Bonds**) aus. Nun kaufen die Banken diese Schuldscheine mit Währung. Dann schreibt die FED ihre Schuldscheine (**Schecks**) aus und tauscht diese gegen die Staatsanleihen (**Bonds**) der Banken und **Währung** (was Sie als Geld bezeichnen) wurde kreiert. Was aber in Wirklichkeit passiert ist, dass die FED und die Schatzkammer (Staatskasse) nur Schuldscheine hin und her schieben und die Banken als Mittelsmann benutzen – und „Simsalabim" Geld wurde erschaffen. Dieser Prozess wiederholt sich immer und immer wieder und bereichert damit die Banken, während die Bevölkerung immer weiter durch Erhöhung der Staatsschulden verschuldet wird. Das Endresultat alldessen ist, Sie haben eine Anhäufung von Bonds (Staatsanleihen) bei der FED und eine Anhäufung von Währung bei der Schatzkammer (Staatskasse). **Aus diesem Prozess resultieren alle Papiergeld Währungen.**

Schritt 3.

Die Schatzkammer (Staatskasse) investiert nun dieses neu geschaffene Geld in die verschiedenen Branchen der Regierung. Nun kann die Regierung ihre Defizitfinanzierung vornehmen bei öffentlichen Arbeiten, sozialen Programmen und **Krieg**. Die Regierungsangestellten, Auftragnehmer und Soldaten platzieren nun ihre Gehälter und Löhne auf die Banken. Und hier kommt:

Schritt 4.

Das **Fractional Reserve Lending System**. Den Banken ist es erlaubt nur einen kleinen Bruchteil Ihrer Einzahlungen aufzubewahren und den Rest zu verleihen. Auch wenn die Verhältnisse (Prozentsätze) hier sehr stark variieren, werden wir eine Rücklage von 10% für unser Beispiel verwenden. Wenn Sie also **100€** auf Ihr Konto einzahlen, dann kann die Bank ganz legal **90€** davon nehmen und diese weiter verleihen ohne es Ihnen mitteilen zu müssen. Die Bank ist lediglich dazu verpflichtet **10€** Ihrer Einlage als Rücklage zu haben, nur für den Fall, wenn Sie davon etwas haben wollen. Diese Rücklagen werden „Tresorgeld" genannt. Aber wie kann es sein das Ihr Bankkonto immer noch **100€** aufweist, wenn Sie Ihren Kontostand abfragen, obwohl doch die Bank **90€** davon gestohlen hat?! **Antwort**: Weil die Bank selbst kreierte **Schuldscheine** – genannt **Bankkredite** – dafür platziert hat. „Kommerzielle Banken erschaffen Scheckbuchgeld wann immer sie einen Kredit gewähren, ganz einfach durch Hinzufügung von neu eingezahltem Geld auf ihre Konten für den Tausch von Schuldscheinen eines Kreditnehmers." - Federal Reserve Bank of New York, „I bet you thought", p.19. Dies sind nichts weiter als Zahlen die Banken in ihre Computer eintippen.

Auch wenn diese Bankkredit Schuldscheine und Basiswährungen zahlenmäßig sehr stark variieren, weil erstere ja ausschließlich in Computern existieren, sind sie trotzdem Währung. Um nun aber wieder zu unserem Beispiel zu gelangen, es existieren nun **190€**. Der Hauptgrund warum Menschen einen Kredit bei der Bank aufnehmen ist der Kauf eines Hauses, Autos, oder aber eine andere große Anschaffung. Nun nimmt also der Kreditnehmer die „**90€**", die ihm die Bank aus

Ihrem Bankkonto geliehen hat und bezahlt damit den Verkäufer des jeweiligen Produktes. Der Verkäufer platziert dann dieses „Geld" (Währung) auf sein Bankkonto – und seine Bank verleiht wiederrum 90% von seinem Geld. Nun existiert schon 271€. Dieser Prozess wiederholt sich so lange bis bei einem Reservesatz von **10%**, eine einzige Einzahlung von **100€** bis zu **1000€** von Bank Kredit kreieren kann – alles „gedeckt" durch **100€** Tresorgeld. Und das bei **10%**. Aber wie ich anfangs schon erwähnte, die Reservesätze variieren sehr stark. Es gibt Sätze von **5%**, **3%** und sogar Sätze von **0%**.

Zusammenfassung:

Wenn Sie Ihr Geld auf eine Bank einzahlen – dann verleiht diese es. Dann wird das verliehene Geld wieder eingezahlt & ausgeliehen, eingezahlt & ausgeliehen und kreiert dabei Bank Kredite auf den ganzen Weg. Dies ist woher die überwiegende Mehrheit unserer Währung stammt. Tatsächlich entstammen **92-96%** allen Geldes (Währungen) nicht von der Regierung, sondern aus dem Geschäftsbankensystem. Nun dies hat fatale Konsequenzen, denn die Preise unserer täglichen Güter und Dienstleistungen reagieren wie ein Schwamm auf die Expansion (Erweiterung) der Geldmenge. Je mehr Geld existiert – umso mehr steigen die Preise. Dies ist die Ursache von Inflation.

„Die wahre Definition von Inflation ist eine Expansion der Geldmenge. Steigende Preise sind lediglich ein Symptom."
„Das ist es. Das ist unsere gesamte Bargeldversorgung. Sie ist

nichts Weiteres als eine Menge Zahlen. Manche von ihnen gedruckt. Die meisten von ihnen getippt." – Mike Maloney – The biggest Scam in the history of mankind 4.

Doch das System wird noch weitaus perfider, denn die meisten Menschen arbeiten für diesen Betrug mit ihrem Blut und Tränen – sie tauschen ihr Leben für ein System das menschenfeindlich ist, die Ressourcen der Welt verschwendet und die Freiheit jeder Nation und deren Menschen stiehlt und am Ende des Tages nur aus Zahlen besteht, die jemand auf ein Blatt Papier gedruckt, oder in einen Computer getippt hat. Und als wenn das noch nicht genug gewesen wäre, werden Sie und ich (nun ja ich kenne da ein paar legale Tricks) bis auf die Knochen besteuert.

Aber hier ist noch ein weiteres Geheimnis:

Vor der Etablierung der Federal Reserve gab es keine Veranlassung und auch kein Gesetz in den Vereinigten Staaten, das die Besteuerung der Bevölkerung durch eine Einkommensteuer vorsah. Als die FED **1913** gegründet wurde, änderte „man" die Verfassung so, um eine Einkommensteuer durch die IRS zu legitimieren. Und Sie ahnen es sicher schon – die **IRS** wurde im ebenfalls im selben Jahr (**1913**) gegründet! Zufall? Ich denke eher weniger!

Bitte versuchen Sie sich vorzustellen, wie viel Geld ein Mensch im Laufe seines Lebens in Form von Steuern an die IRS zahlt. Dieses Geld fließt direkt in die Taschen der Eigentümer dieses Systems. Und das führt uns zum dritten und letzten Abschnitt des ersten Kapitels:

1.3. Wer kontrolliert das Geld?

Wer die Banken kontrolliert, kontrolliert das Geld. Wer das Geld kontrolliert, kontrolliert die Menschen. Wer die Menschen kontrolliert, kontrolliert die Welt. Wer sind nun also die „Eigentümer" dieses riesigen Betruges. Nun, dies ist eines der meist gehüteten Geheimnisse der Welt. Doch zunächst müssen Sie wissen, dass nicht nur die **FED** (Federal Reserve Bank of America), sondern auch die **EZB** (Europäische Zentralbank) und die **BIZ** (Bank für internationalen Zahlungsausgleich) alles **privat** geführte Unternehmen sind! Ja Sie lesen richtig. **Privat!** Die FED hat beispielsweise ihre eigenen Aktionäre (Anteilseigner). Sie glauben mir etwa nicht? Bitte gehen Sie doch auf die offizielle Seite der Federal Reserve und geben dort im Suchfeld „**Act Section 7**" ein. Dann gehen Sie auf Divison and Earnings und Sie werden lesen, dass jeder Shareholder (Anteilseigner) eine jährliche Dividende von **6%** auf seine Einlage erhält. Das heißt nichts anderes, als dass die Anteilseigner der FED die Eigentümer der amerikanischen Geldmenge sind – und dafür die der Staaten – und letztendlich die der amerikanischen Bevölkerung.

Nun zur BIZ (Bank für den internationalen Zahlungsausgleich in Basel/Schweiz). Dies ist die mächtigste Bank der Welt. Warum? Es ist die **Zentralbank der Zentralbanken**. Mit anderen Worten, die BIZ kontrolliert alle anderen Zentralbanken der westlichen Welt und damit auch direkt und indirekt jede einzelne Bank. Und die BIZ hat auch private Anteilseigner? Ja!

Wie einst der Washington Blog berichtete, „nur" 86% ist im Besitz von anderen Zentralbanken, die restlichen 14% sind im Besitz von privaten Investoren. Und wie Sie nun schon wissen, diese besagten Zentralbanken sind ebenfalls alle privat geführte Unternehmen mit privaten Anteilseignern, die so das gesamte Geldsystem der westlichen Welt in ihren Händen halten. Wer sind diese Menschen?

Nun, auch wenn Sie so gut wie keine historischen „Belege" in irgendwelchen Geschichtsbüchern finden, kann angenommen werden, dass die Leute die damals die FED 1913 gründeten – dieselben Leute sind die heute alle Großbanken und die BIZ selbst kontrollieren. Diese Familien werden angeführt durch die **Rothschilds**, die **Warburgs**, die **Rockefeller**, die **Morgans**, die **Goldmans** (Goldman Sachs), die **Lehmans** wie auch die **Kuhn Loeb** aus New York, die **Lazards** aus Paris und die **Israel Moses Seif** aus Rom. Es sind noch weitere Familien involviert, doch dies soll nicht das Thema dieses Buches sein. Wenn Sie mehr über diese Menschen erfahren möchten, dann durchforschen Sie das Internet und finden Sie heraus wie tief der Kaninchenbau wirklich geht.

Kapitel II. DER RICHTIGE UMGANG MIT GELD

2.1. WIE MAN GELD SPART!

<u>Geben Sie weniger aus als Sie verdienen!</u> Es ist so einfach. Dieser Schritt ist der wichtigste überhaupt. Geld sparen klingt anfangs sehr leicht – doch auch hier können Sie fatale Fehler begehen, die Ihnen am Ende sogar Ihr gesamtes Vermögen kosten können.

Also lesen Sie bitte die folgenden Ausführungen sehr sorgfältig durch, denn dies sind heutzutage die gefährlichsten Investments die Sie überhaupt tätigen können:

1. Bitte, legen Sie niemals Ihr Geld auf ein Sparbuch bei den „Bankstern" an – Sie werden es in diesen Zeiten komplett verlieren. (Und bitte realisieren Sie, dass die Zinsen unter der Inflationsrate liegen – (von dem „Fractional Reserve Betrug" – mal ganz abgesehen).
2. Investieren Sie nicht in Pensionsfonds.
3. Investieren Sie nicht in Lebensversicherungen („Todesversicherungen").
4. Investieren Sie nicht in Bausparverträge.

All diese genannten Anlagen werden in den nächsten 10 Jahren durch den Staat enteignet, oder vorher Konkurs gehen – denn viele Versicherungen sind in Wahrheit schon längst zahlungsunfähig. Es spielt dabei wirklich keine Rolle, ob Sie in den Vereinigten Staaten, in dem Vereinigten Königreich oder aber in Europa leben. Alle westlichen Staaten sind pleite! Und diese Staaten werden jedes Mittel nutzen um an die Sparguthaben und Sachwerte ihrer **Bürger** (**müssen immer bürgen**) heranzukommen, um ihre Schulden bei den Banken begleichen zu können. Dies ist schon häufig in der Geschichte vorgekommen. Es ist also nichts neues, aber die älteren Generationen versterben und die nachfolgenden vergessen es allmählich.

Wenn Sie in Europa leben, dann würde ich Ihnen empfehlen – kaufen Sie keine Immobilien dort, bevor es nicht zu neuen **Währungsreform** und einem **Schuldenschnitt** gekommen ist.

Denn alle Staaten der europäischen Union können jeden Hausbesitzer Ihres Landes mithilfe des ESM Vertrages enteignen. In diesem Vertrag, den alle Mitgliedsstaaten der europäischen Union unterschrieben haben, gibt es ein Gesetz welches „Lastenausgleichs-Gesetz" genannt wird. Durch dieses „Gesetz" ist es dem ESM erlaubt, jeden Hausbesitzer innerhalb der EU mit einer Zwangshypothek zu belasten. Mit anderen Worten, jeder Hausbesitzer in der EU „kann" dazu gezwungen werden, sein Haus nochmals „abzustottern" – ganz gleich ob er es schon längst abbezahlt hatte. In der Vergangenheit verwendete der Staat den durchschnittlichen Verkehrswert des jeweiligen Objektes, der dann nochmals abgetragen werden musste. Aber ich denke diese „Methode" wird für die heutige Schuldenlast des Staates nicht ausreichend sein – deshalb können Sie damit rechnen, dass alle **privaten** Hauseigentümer schlechte Karten haben werden.

Nun kennen Sie also die größten Fehler, die Sie beim Sparen begehen können. Jetzt zeige ich Ihnen, wie Sie es richtig machen:

Schritt 1. Sparen Sie so viel Geld wie möglich! Platzieren Sie dann das Geld in einem Bankschließfach oder **bei Ihnen zu Hause.**

Schritt 2. Investieren Sie dieses Geld (**ab 5000€**) in:

- einen **unabhängigen** Börsenbrief (**www.goldfingerreport.com**)
- die richtigen **Goldaktien**
- die richtigen **Silberaktien**
- die richtigen **Optionen** (Warrants)
- zur richtigen **Zeit**

Schritt 3. Nehmen Sie die Gewinne von **Schritt 2.** und reinvestieren Sie eine Hälfte wieder in Aktien, die andere Hälfte investieren Sie in:

- **Goldmünzen**
- **Silbermünzen**

Es wäre am besten, wenn Sie mehr physisches Silber kaufen und Ihre Goldinvestments größtenteils in die Minenaktien tätigen, denn dann ergibt sich für Sie eine „Win-Win" Situation. Silbermünzen sind sehr viel günstiger als Goldmünzen + Silber steigt sehr viel stärker als Gold und hat somit ein noch viel größeres Kurspotenzial vor sich. Andererseits profitieren Sie, von dem im Durchschnitt „fünffachen" Hebel der Goldminen auf den realen Goldpreis. Ein anderer guter Grund für diese Strategie ist die Tatsache, dass der private Goldbesitz in der Geschichte immer wieder verboten wurde. Der damalige US-Präsident − Dwight D. Eisenhower, verbot sogar den Goldbesitz auf „Übersee" für jeden amerikanischen Staatsbürger. Ich denke also es ist sicherer Silber physisch und Gold mehr in Aktien zu halten, denn ich glaube nicht, dass der Staat Aktien verbieten wird (behalten Sie im Hinterkopf, die Elite ist auch in Aktien investiert).

Wenn Sie unbedingt jetzt in Immobilien investieren möchten, dann investieren Sie in Übersee − da wo eine recht sichere politische Lage herrscht und der Immobilienmarkt nicht so stark überkauft ist wie im Westen.

Ich persönliche habe ein „paar" Immobilien in Thailand gekauft, denn diese sind noch recht günstig. Zudem erwarte ich, dass Thailand ein sehr viel besseres Wachstum haben wird als Europa oder Amerika.

2.2. Wie man Geld ausgibt

Bitte lesen Sie sich auch dieses Kapitel sorgfältig durch, denn eine Unkenntnis über die nun folgenden Informationen kann einer der Hauptgründe sein warum Sie „arm" sind oder, nachdem Sie es geschafft haben – wieder arm enden. Es dreht sich alles um Ihr Ausgabeverhalten. 90% aller Menschen weltweit haben ein falsches bzw. negatives Ausgabeverhalten – speziell in der westlichen „Zivilisation". Das liegt daran, dass diese Menschen eine ziemlich schlechte Bildung im Umgang mit Geld erhalten. Und dies ist kein „Zufall". Denn das Hauptkontrollwerkzeug der sogenannten „Elite", sind Schulden. Also erzählt man den Leuten Sie sollen Häuser, Autos oder selbst ihre „Bildung" mithilfe von Schulden kaufen, sodass garantiert ist das sie brave, hart arbeitende Sklaven sein werden – ihr Leben lang. Bitte tun Sie sich selber einen Gefallen und gehören Sie nicht zu dieser Art von Menschen. Die meisten von ihnen leben ein schreckliches Leben. Sie sollten Ihre Lebenszeit nicht so verschwenden und sie in die Hände der „Bänkster" geben. Dieses Buch ist ein kleines Puzzleteil, das Ihnen aus diesem Dilemma helfen kann, wenn Sie meine Regeln befolgen. Nun lassen Sie uns zum eigentlichen Thema dieses Abschnittes kommen.

Ausgabeverhalten

Geben Sie weniger aus als Sie einnehmen. Diese „Weisheit" haben Sie schon gelernt, aber dies ist nur eine Seite der Medaille, denn das wahre Geheimnis reicher Menschen ist – sie geben überhaupt kein Geld aus! Ja, Sie haben richtig gelesen. Sie geben überhaupt kein Geld aus! Reiche Menschen lassen ihre Anlagen alles bezahlen. Das ist das Geheimnis. In den Abschnitten „die 3 Komponenten finanzieller Unabhängigkeit" und „wie Sie eine „bedeutsame Geld-Kuh" aufbauen", werde ich Ihnen genau erklären wie man passive Einkommensquellen generiert, die dann Ihren gesamten Lebensunterhalt finanzieren. So werden Sie niemals gezwungen sein auch nur einen „Penny" Ihres hart erarbeiteten Vermögens anzurühren. Ich gebe Ihnen hierzu ein **konkretes Beispiel**: Als meine Mutter damals das Haus ihrer Mutter erbte, wollte sie dieses verkaufen. Mit diesem Geld wollte sie sich einen Neuwagen kaufen und auf eine große Kreuzfahrt gehen. Es wäre nur noch ein kleiner Teil des Geldes übrig geblieben, da es sich bei dem besagten Haus um eine ältere Immobilie handelte.

Nun hierbei handelt es sich um schlechtes Ausgabeverhalten in der höchst möglichen Form. Glücklicherweise folgte meine Mutter meinen Ratschlägen, ihr geerbtes Haus zu verkaufen, um dann mit dem Erlös auf den kommenden Bullenmarkt im Silbersektor zu setzten. Ich empfahl ihr einen guten ETF und ein paar länger laufende Optionen. Mithilfe dieser Strategie konnte sie ihr Erbe mehr als verfünffachen. Nun hatte sie genügend Geld um dieses in drei gute Apartments investieren zu können und diese dann zu vermieten. Mit diesen passiven Einkommensquellen war es ihr möglich eine große Reise zu unternehmen − dreimal jährlich. Des Weiteren empfahl ich ihr ein Gebrauchtwagen anstelle eines Neuwagens zu kaufen und die Mieteinnahmen der Apartments die Finanzierung des Wagens zu überlassen. Hierdurch konnte sie sich ein viel luxuriöseres Auto zu legen, das nebenbei auch noch einen viel geringeren Werteverlust aufwies als ein Neuwagen.

Dies ist das „Mindset", welches Sie benötigen, um im Umgang mit Geld erfolgreich zu sein. Es spielt dabei keine Rolle, ob Sie in Rohstoffe, Immobilien oder Aktien investieren – Sie wollen immer davon ausgehen, dass Sie genügend passive Einkommensquellen generieren, die dann alle Güter und Dienstleistungen für Sie finanzieren. Der Aufbau solcher Einkommensquellen sollte eines Ihrer Hauptziele im Leben sein. Ihr Ziel sollte nicht sein Millionen zu verdienen, um diese dann für Häuser, Autos und Kleidung zu verschwenden – **das wahre Ziel ist es Millionen zu machen, um diese in verschiedenste Anlagen zu investieren – die dann wiederrum Ihre Häuser, Autos und Kleidung „bezahlen".**

Die richtigen Schritte, um eine solche Strategie aufzubauen finden Sie ebenfalls in diesem Buch. Also keine Ausreden. Fangen Sie an und starten Sie Ihren eigenen Investor-Lifestyle.

2.3. Wie man Geld verwaltet

Wie Ihr Geldmanagement aussehen sollte. Die zwei Zauberwörter lauten: „**Offshore Banking**". Ob Sie jemals etwas davon gehört haben oder nicht, spielt keine Rolle. Es ist einfach und simpel, wenn Sie meinen Empfehlungen folgen. Aber zu allererst ein paar Hintergrundinformationen zum Thema „Offshore Banking" für all jene, die sich noch nicht mit diesem Thema auseinandergesetzt haben. Seien Sie unbesorgt. Es ist wie anfangs erwähnt wirklich einfach und wird zudem auch von der Elite genutzt, um den Enteignungen der Staaten (die sie selbst verursachen) zu entkommen.

Sie können ein anonymes Bankkonto in den folgenden Ländern oder Staaten errichten:

1. Liechtenstein

2. Belize (British Honduras)

3. Britische Jungferninseln

4. Hong Kong

5. Panama

6. Dubai

7. Seychellen

8. Delaware

Und noch einige mehr (siehe Internet).

Ich bevorzuge **Liechtenstein** und die **Seychellen** aus zwei verschiedenen Gründen.

Seychellen: ist wohl eine der einfachsten und gleichzeitig günstigsten Optionen, ein anonymes und gleichzeitig sicheres Bankkonto auf Übersee zu eröffnen. (Das Beste für Leute der Mittelschicht).

Liechtenstein: ist das sicherste Land für Bankgeschäfte weltweit. Denn Liechtenstein ist ein neutrales und gleichzeitig souveränes Land, das keine Schulden hat! Das Bankenwesen in Liechtenstein überlebte bis lang alle Krisen, Revolutionen und Weltkriege. Ich denke Sie verstehen nun worauf ich hinaus möchte, in höheren Kreisen der Gesellschaft weiß jeder – Liechtenstein „is the place to be", wenn es um Bankgeschäfte geht. Es gibt da nur ein „Problem" – Sie benötigen mindestens 100.000€ um dort ein Konto zu errichten. Es ist also kein Platz um mal eben ein „paar Mark" zu verstecken.

Wie fange ich an?

Ganz einfach! Begeben Sie sich ins Internet und suchen Sie nach einem „Operator" der sich auf die Eröffnung von Offshore-„Firmen" spezialisiert hat und Ihren Ansprüchen gerecht wird. In den meisten Fällen können Sie den ganzen Prozess (Eröffnung Ihres Bankkontos) von Zuhause aus via Telefon oder Email erledigen. Ich habe aber schlechte Nachrichten für Sie, falls Sie ein US Staatsbürger sein sollten. Die meisten

Länder akzeptieren nämlich keine US Staatsbürger, aufgrund der dortigen erlassen Gesetze. Verbinden Sie jetzt alle Punkte?! Richtig, der amerikanische Staat schließt nun alle Möglichkeiten für seine Bürger, während die Elite schon in irgendwelchen Schlupflöchern verschwunden ist. Doch es gibt Hoffnung für Sie. Hier ist ein Trick der Ihnen helfen kann. Alles legal. Sie benötigen einen zweiten Pass. Wenn Sie eine zweite Staatsbürgerschaft haben, werden die genannten Länder mit Ihnen kooperieren.

Behalten Sie also im Hinterkopf – es gibt für jedes Problem eine Lösung.

Hinweis: wenn Sie ein US Staatsbürger sein sollten und aufgrund dessen eine zweite Staatsbürgerschaft benötigen, besuchen Sie die Website **www.tdvpassport.com.** Die Menschen (allen voran **Jeff Berwick** – ein großartiger Investor) haben sich auf dieses „Problem" spezialisiert, um Menschen zu helfen dem kommenden Kollaps in den Vereinigten Staaten zu entkommen.

Wenn Sie **kein US Staatsbürger** sind und Sie des Weiteren auch **nicht** in den USA leben, dann habe ich einen richtigen **Insidertipp** für Sie!

Der Bundesstaat **Delaware** in den **Vereinigten Staaten.** Warum? Nun, wenn Sie Geschäfte in Ihrem und anderen Ländern (**nicht den USA**) betreiben wollen, dann können Sie in Delaware eine anonyme „Briefkastenfirma" mit US Anschrift gründen. Sie bezahlen dann keine Steuern auf Ihre Einnahmen, lediglich eine sogenannte „Franchise-tax" an den dortigen Staat in Höhe von etwa **300$ im Jahr**. Für Unternehmer die nach einem sicheren Hafen für Ihre Geschäfte suchen, ist Delaware ein echtes Paradies. Das liegt mitunter daran, dass diese Oase auch in Zukunft nicht „austrocknen" wird – denn die vielen „Big Boys" der Wirtschaft befinden sich ebenfalls dort. **Hinweis:** Sie müssen alle Ihre Geschäfte außerhalb der USA tätigen und dürfen des Weiteren kein US Staatsbürger sein.

Was ich mache!

Ich betreibe meine Investmentgeschäfte (Aktien/Derivate) mithilfe meines Online-Brokers (www.flatex.de), da ich so meine Transaktionen von meinem Laptop oder Handy aus erledigen kann. So würde ich also empfehlen, für alle Investmentgeschäfte einen Onlinebroker Ihrer Hausbank vorzuziehen, da ansonsten die Orderkosten sehr schnell ins Geld gehen können.

Für meine Unternehmerischen Tätigkeiten benutze ich die Standorte der **Seychellen** und **Belize**. Dies sind sogenannte „**Null-Steuer-Inseln**" – ganz einfach, weil Sie dort auf Ihre weltweiten Geschäfte **nicht ein Prozent Steuern zahlen**! Also auch hier wieder für meine unternehmerischen Freunde - diese zwei Orte sind sehr zu empfehlen. Die Eröffnungskosten eines Bankkontos dort belaufen sich auf etwa **1000 – 2000€**. Sie können Ihren Offshore-Service bequem von Zuhause aus via Internet suchen. Die jährlichen Verwaltungsgebühren belaufen sich auf etwa **1000€ jährlich** – also sehr günstig.

UPDATE: Achtung: Aufgrund des weltweiten OECD Abkommens (automatischer Informationsaustausch) sind so gut wie alle Banken weltweit dazu verpflichtet, mithilfe eines automatischen Informationsaustausch, den jeweiligen Finanzbehörden Meldung über Kundeneinlagen zu erstatten!

<u>Welche Konten sind hierbei betroffen?</u>

1. **Privatkonten im Ausland!**
2. **Weltweit* Bankkonten von Stiftungen, Trusts und ähnliche Gebilde!**
3. **Gesellschaftskonten und Geschäftskonten innerhalb und außerhalb der EU!**

Vorweg sei noch erwähnt, dass der anstehende Informationsaustausch **nicht** von den jeweiligen **Staaten** und auch **nicht** von **Firmen** oder **Handelsregistern** erfüllt wird! Er findet somit auch unabhängig davon statt, ob Sie sich ggf. durch Treuhänder vertreten lassen oder selbst als Inhaber und oder Director einer Gesellschaft haben eintragen lassen!

Um es also nochmals in kurzen Worten zu beschreiben: Es geht um den automatischen Austausch von Informationen zwischen **Ihrem Bankhaus** und den für **Sie zuständigen Finanzbehörden!**

<u>Was kann ich tun?</u>

Ausnahme: Das jeweilige Firmen- bzw. Geschäftskonto wurde noch vor dem **31. Dezember 2015** eröffnet und **Kontoguthaben / der**

Kontenwert übersteigt zum **01.01.** eines jeden der darauf folgenden Jahre **nicht** den Stand von **USD 250,000.00**. Diese Firmen- und Gesellschaftskonten bleiben auch nach Januar 2016 von der Meldepflicht ausgenommen!

Modell Nr. 2

Wenn Sie diesen Text nach dem **31.12.2015** lesen, dann haben Sie trotzdem noch eine Möglichkeit, um ein anonymes Bankkonto auf „Übersee" zu errichten! **Die Cook Inseln!**

Die **Cook Inseln (Cook Islands)** sind ein **unabhängiger** Inselstaat in „freier Assoziierung mit Neuseeland" und eine Inselgruppe im südlichen Pazifik! Hier legt man noch Wert auf ein Bankgeheimnis!

Eröffnen Sie also einfach eine **I.B.C (International Business Company)** auf den **Seychellen, Belize** oder **Panama** und eröffnen Sie dann Ihr Geschäftskonto auf den Cook Inseln! Die **durchschnittliche** Ersteinlage zur Aktivierung eines solchen Bankkontos (Cook Inseln), liegt bei nur **1000$**. Also wirklich noch bezahlbar!

Begeben Sie sich also einfach ins Internet und suchen Sie nach einen geeigneten Offshore Provider/Operator der Ihren Wünschen gerecht wird und Sie ausführlich beraten kann!

Sie können so Ihre Firma + Konto ganz bequem via Email von Zuhause aus eröffnen!

Kapitel III. Die Wahrheit über unsere Gesellschaft:
Wie das System Sie unten hält

3.1. Warum keine Schule auf diesem ganzen Planeten Ihnen beibringt, wie man „richtiges" Geld verdient!

Nun, diese Frage zu beantworten ist sehr einfach. Die Menschen an der Spitze der Pyramide wollen sichergehen, dass sie es auch bleiben. Wenn Sie also beispielsweise Finanzen und Wirtschaft (VWL, BWL) oder aber auch andere Fächer über „Geld" studieren, dann werden Sie immer ein falsches Bild der Realität des Geldwesens erhalten – denn würden „sie" ihnen wirklich beibringen wie das System funktioniert, dann würden Sie viele Fragen haben – zu viele Fragen! Also bringen „sie" Ihnen nur die nötigen „skills" bei, die Sie benötigen um Ihren „Job" auszuüben. Sie wollen keine kritischen Denker innerhalb ihres Systems. Sie wollen brave Schafe, die denken sie seien „intelligenter" als andere. Das ist auch der Grund, warum meist alle Lehrer, Professoren, Banker und selbst „hochrangige Personen" nichts über die wahre Natur unseres weltweiten Geldsystems verstehen. Sie sind so „verdummt" worden, durch die Gehirnwäsche die wir als „Bildung" bezeichnen und die Medien, die in Wirklichkeit nur das gesteuerte Sprachrohr der Elite sind, die dieses Propagandamonopol nun schon fast seit 100 Jahren kontrolliert. Wenn nun jemand kritische Fragen stellt und das System hinterfragt, so ist er gleich ein „Verrückter" oder „Verschwörungstheoretiker". Dieser „Mechanismus" hält die Massen auf Kurs. Denn vergessen Sie nicht, was ich anfangs schon erwähnte, wir leben in einem Pyramiden Machtsystem. Was heißt – ein System entworfen von den „Wenigen" für die „Wenigen". Die **Masse** arbeitet immer für die **Klasse**. Dieses System ist so alt wie die Menschheit selbst. Also bitte glauben Sie nicht, dass Sie wirklich gebildet werden in der Schule. Sie kriegen eine „wie man ein braver, steuerzahlender Sklave ist" Ausbildung – nichts anderes. Wenn es das ist, was Sie vom Leben wollen, dann bitteschön. Ich halte Sie bestimmt nicht zurück. Aber es gibt auch Gott sei Dank noch Menschen, die mehr vom Leben wollen – genannt Freiheit.

An all diese Menschen appelliere ich – bilden Sie sich selbst. Das ist die beste Bildung die Sie bekommen können. Wir leben nun in den Zeiten mit den größten Möglichkeiten, aufgrund des Internets. Sie können Informationen zu jedem beliebigen Thema bekommen und das nur in ein paar Sekunden. Nun müssen Sie entscheiden – möchten Sie dieses wirklich wertvolle Gut namens Internet nur für Unterhaltungszwecke nutzen, oder aber wollen Sie es weise nutzen, um Wissen, welches Ihnen in der alten Matrix verborgen blieb, zu erkunden. Sie entscheiden!

Denken Sie daran, folgen Sie immer dem Geld und Sie werden alle Antworten erhalten.

Nun für Skeptiker, die glauben, dass man ohne eine „vernünftige Schulausbildung" keinen Erfolg haben könne. Hier ist eine Liste von Unternehmern und anderen Erfolgsgiganten, die ihre Bildung (Schule) abgebrochen haben, aber dennoch erfolgreich sind oder waren:

Henry Ford – Ford Motor Computer

Michael Dell – Dell Computers

Steve Jobs – Apple

Bill Gates – Microsoft

Jerry Yang – Yahoo

Kemmons Wilson – Holiday Inn Hotels

Richard Branson – Virgin

Mark Zuckerberg – Facebook

Russell Simons – Def jam Records

John Mackey – Whole Foods

Ted Turner – CNN

J.K. Rowling – Harry Potter Empire

Colonel Harland Sanders – Kentucky fried Chicken

Ralph Lauren – Polo

John D. Rockefeller – Standard Oil

Ray Kroc – Mc Donald's

David Neeleman – Jetblue

Walt Disney – Disneyland

Tom Anderson – Myspace

Michael Lazaridis – Research in Motion

Thomas Edison – General Electric

Albert Einstein – Vater des Atomzeitalters

Cornelius Vanderbilt – Eisenbahn Gigant

Jay van Andel – Amway

Larry Ellison – Oracle Corporation

und die Liste geht weiter und weiter...

Selbst der berühmte Milliardär, **Peter Thiel**, der selbst an einer Elite Universität studierte, sagte einst: „Es gibt etwa 17 Millionen Menschen in der arbeitenden Bevölkerung der USA, die einen College Abschluss haben, aber dennoch ungelernte Arbeit verrichten müssen."

„Was wir hinterfragen wollen, ist die Vorstellung, dass Bildung das absolute „Gut" oder die absolute Notwendigkeit darstellt" – und weiter „Wir sagen nicht, niemand solle aufs College gehen, oder das College eine schlechte Sache ist – wir sagen einfach, dass es viel zu viele Menschen gibt, die aufs College gehen – wie es auch viel zu viele Menschen gibt, die in Immobilien investieren, oder es zu viele Tech Unternehmen gibt, die an die Börse gehen." – Peter Thiel während eines Vortrages der Intelligence Squared U.S. Foundation.

Nun, ich denke dieser Gentleman trifft den Nagel wirklich auf den Kopf. Bitte schauen Sie sich doch einmal diese gewaltigen Schuldenberge unserer heutigen Jugend an. Speziell die Studenten. Diese Schuldenblase wird irgendwann platzen – genau wie alle anderen Blasen – im Immobilienmarkt oder der Börse.

Und dann werden diese Studenten ein sehr schlimmes Erwachen erleben, wenn sie realisieren werden, dass es gar keine Arbeit mehr für sie gibt, um ihre Schulden zu bezahlen. Verstehen Sie mich bitte nicht falsch. In einigen Fällen macht es durchaus Sinn, dieses „Bildungssystem" zu durchlaufen – wenn Sie beispielsweise ein Anwalt werden wollen oder gar Arzt (wenn Sie aber Menschen wirklich heilen wollen, empfehle ich die Laufbahn der Alternativmedizin) dann ergebe es schon Sinn diesen, meist geistigen Müll, „auswendig" zu lernen, aber wenn es Ihr Ziel sein sollte wirklich reich, kreativ und unabhängig zu werden, dann machen Sie bitte einen weiten Bogen um unser sogenanntes „Bildungssystem".

Die beste Erklärung der ganzen Verwerfungen und Nachteile unseres Bildungswesens, gibt der amerikanische Autor und Investor – **Robert Kiyosaki**. Er entwarf das sogenannte „Cash flow Quadrat".

```
┌───┬───┐
│ A │ U │
├───┼───┤
│ S │ I │
└───┴───┘
```

Auf der linken Seite dieses Quadrates haben wir die:

A's = steht für Angestellte.

S's = steht für Selbstständige (kleine Geschäfte oder aber „Spezialisten" wie Ärzte oder Anwälte).

Auf der rechten Seite haben wir:

U's = steht für große Unternehmen (500 Angestellte und mehr).

I's = steht für Investoren – Menschen die ihr Geld für sich arbeiten lassen.

Während sich die meisten Menschen darauf fokussieren einen „Job" zu finden und ein sogenannter „Spezialist" – oder wie mein Onkel sagen würde „Fachidiot" zu werden, sollten die Menschen lieber mal einen Blick auf die rechte Seite diese „Cash Flow Quadrates" werfen und versuchen ein Unternehmer oder Investor zu werden.

Denn die A's und die S's zahlen **die höchsten Steuern** (Einkommensteuer, Sozialversicherungs-abgaben, medizinische „Vorsorge").

- behalten Sie im Hinterkopf – die Steuergesetze entlasten gezielt die Unternehmer und Investoren, da diese Arbeit schaffen und als Investoren, beispielsweise Wohnraum und gleichzeitig die Wirtschaft mithilfe von Investitionen ankurbeln. Alle Angestellten dagegen zahlen die höchsten Steuersätze die es gibt, verdienen von allen vier Gruppen am wenigsten, sind immer abhängig von einer Branche, einem Chef und der gesamten Wirtschaftslage. Ein Beispiel: Wenn Sie ein Bankangestellter sind (Schalter), dann haben und werden Sie Ihr ganzes Leben lang auch nur in diesem Bereich tätig sein können. Wenn nun aber ein „Lehman Szenario" anstehen würde, dann hätten Sie sehr schlechte Karten. Denn wenn Ihre Bank nun daraufhin Leute entlassen wird, dann wird es auch ihre Konkurrenz tun. Da Sie Ihr Leben lang aber nur gelernt haben wie man „Schecks ausschreibt und Zettel von A nach B schiebt", wird auch keine andere Branche etwas mit Ihnen anfangen können. Es ist dasselbe mit allen Angestellten einer bestimmten Branche. Leute die sich spezialisieren, sind zwar dringend notwendig, tragen aber auch das höchste Risiko von allen Arbeitnehmern:

- ihre Ausbildung dauert am längsten!
- wird gleichzeitig aber am schlechtesten bezahlt!
- sie spezialisieren sich – heißt auf eine Branche = größtes Risiko!

Ein Investor kann beispielsweise in völlig verschiedene Branchen investieren, ohne sich wirklich nur auf eine festlegen zu müssen und ist so perfekt diversifiziert.

Angestellte legen zudem ihr Leben in die Hände von anderen Menschen und leben somit ein sehr passives Leben, in totaler Abhängigkeit. Ein weiterer wichtiger Punkt ist: Jeder Angestellte arbeitet nur für einen Kunden und das sein Leben lang – seinen Boss! Denken Sie mal darüber nach!

Wie stellt man sich schlauer an?!

Es fängt schon beim Wohnen an! Es ist besser sich ein Haus oder eine Wohnung zu mieten und parallel dazu ein Haus oder auch eine Wohnung mithilfe von Schulden zu kaufen, um diese selbst wieder zu vermieten und den Mieter die Schulden abtragen zu lassen.

Denken Sie daran, jedes Mal wenn an diesem Objekt eine neue Reparatur fällig wird, können Sie diese einfach von den

Steuern absetzen. Das können Sie bei Ihrem Eigenheim nicht. Wenn dann noch Ihre monatlichen Mieteinahmen größer sind, als die monatliche Hypothekenrate Ihrer Immobilie – dann haben Sie eine **konstante passive** Einkommensquelle erschaffen. In diesem Falle wird es Ihnen möglich sein noch mehr Geld zu sparen, um dann erneut eine neue Hypothek aufzunehmen mit derselben Strategie. Und dann noch eine und noch eine und noch eine – bis Sie mehr als ein Dutzend Objekte haben, die alle einen konstanten passiven Geldfluss für Sie erwirtschaften. Und eines Tages werden diese Immobilien abgezahlt sein, was das für Sie bedeutet brauche ich wohl nicht weiter erläutern.

Ich nenne dieses Modell „Schlaue Schulden", denn Sie benutzen das Geld von leichtgläubigen und ignoranten Menschen, die es freiwillig auf die Bank legen, während Sie damit reich werden!

Hinweis: Wie ich auch schon in einer der vorherigen Abschnitte erklärte, sind Immobilien in Deutschland und Europa im Moment nicht ratsam –da neben dem **ESM** Vertrag auch Kriegsgefahr (**3.Weltkrieg**) herrscht.

Egal ob Sie nun in Immobilien investieren wollen oder nicht – kaufen Sie niemals Ihr eigenes Haus/Wohnung mithilfe von Schulden wenn Sie:

- kein Millionär sind
- ein freies Leben führen wollen

- genügend Geld sparen wollen

3.2. Warum die meisten Menschen pleite sind

Nun, zu Anfang müssen wir das Wort „pleite" definieren. Die meisten Menschen glauben, dass Leute pleite sind, wenn sie alles verloren haben und auf der Straße leben. Das ist nicht wirklich wahr. 90% aller Menschen sind pleite! Leben sie auf der Straße? Nein! Sie leben in schönen Häusern und fahren BMW's. „Dieser Autor ist verrückt!", werden Sie jetzt denken. Aber warten Sie. Denken Sie es sich so: Die meisten Menschen der westlichen Welt konsumieren die größeren „Güter" des Lebens wie Häuser, Autos, Urlaube aber auch andere Sachen, mithilfe von Schulden. Die großen SUV's, die großen Immobilien oder aber auch der große Sommerurlaub – alles nur auf „Pump"! Die meisten Güter gehören in Wirklichkeit aber den „Bankstern". Sie spielen ihr „Blasenspiel" seit Jahrhunderten. Und sie gewinnen es jedes Mal. Was ist das „Blasenspiel"?! Die Zentralbanken pumpen die Wirtschaft mit „billigem" Geld voll, oder besser gesagt – wertlosem Papier. In dieser ersten Phase des „Spieles" – wächst die Wirtschaft. Menschen fangen an mehr zu konsumieren und wir erleben einen „Boom" in der Wirtschaft. Die Leute werden langsam zuversichtlich und kaufen Dinge, die sie sich in der Realität eigentlich gar nicht leisten können. Sie nehmen riesige Hypotheken und Darlehen zu „günstigen" Zinsen auf. Nun leben sie in großen Häusern, fahren große Autos und fühlen sich richtig sicher – mit anderen Worten, sie sind recht „glücklich". Aber Vorsicht, hier kommt Phase 2. des „Blasenspieles". Die „Bankster" heben nun die Zinsen wieder an und verringern somit die umlaufende Geldmenge. Dies schrumpft die Wirtschaft, Firmen müssen Mitarbeiter entlassen um Geld zu sparen, dadurch schrumpft die Wirtschaft nur noch mehr – da Menschen ohne Arbeit weniger konsumieren können. Jetzt befinden sich die so einst „glücklichen" Menschen in einer sehr schlechten Lage! Wir bezeichnen dies als **Deflation**!

Finale Phase: nun öffnen die „Banskter" die Geldschleusen erneut, um die Wirtschaft mit so viel billigem Geld zu fluten, sodass es zu einer starken Inflation kommt. Die Menschen bekommen nun immer weniger für ihr Geld, wenn parallel dazu – die Preise für Sachwerte wie beispielsweise Immobilien in den Himmel schießen. In dieser finalen Phase dieses perfiden Spieles werden die Menschen dazu gezwungen ihre Häuser, Autos und andere Sachanlagen unter Wert zu verkaufen, um überhaupt noch über die Runden kommen zu können und etwas Essen im Kühlschrank zu haben. Gleichzeitig verkauft nun die Elite Teile ihrer Gold, Silber oder aber auch Aktienbestände, um jetzt wiederrum riesige Summen an „Geld" zurückzuerhalten. Mit diesem „Geld" kaufen sie nun alle Sachanlagen der Menschen auf – um noch reicher zu werden, während die Masse der Menschen nun total pleite ist. „Experten" bezeichnen dies als **Hyperinflation**.

Und wir befinden uns gerade wieder in dieser finalen Phase!

Aber wie geraten Menschen eigentlich in diesen verhängnisvollen Kreislauf der „Hölle"? Nun, bitte lesen Sie sich die folgenden Statements sorgfältig durch. Es gibt 2 Hauptgründe für dieses Fiasko:

1. Die Menschen geben mehr aus, als sie einnehmen. Diejenigen, die Geld sparen, investieren es nicht richtig und verlieren es so durch Inflation.
2. Die traditionellen Familienstrukturen in der westlichen Welt werden immer weiter zerstört, durch die Medien und die eigentlichen Glaubenssätze, die Menschen über die „Familie" hegen.

Was hat das jetzt bitte mit Geld zu tun?!

Nun, die meisten jungen Menschen heutzutage glauben sie können es nur mit einem Studium und einem sehr hohen Abschluss schaffen wirklich etwas „zu erreichen". Sie denken, man sei ein „Loser", wenn man noch mit 30 Jahren bei seinen Eltern lebt. Sie denken, es sei normal bis über beide Ohren verschuldet zu sein! Nun lassen Sie mich diese genannten Statements etwas weiter erläutern:

Fehler Nr. 1

Wenn Sie Ihr Studium haben, werden Sie erfolgreich sein!?

Ein gutes Studium zu absolvieren kostet in den meisten Fällen Tausende Euros. Und wen wundert es, die meisten Menschen haben dieses Geld nicht – also fangen diese **jungen Menschen** schon damit an sich zu verschulden.

2. Die Universität bringt ihnen sowieso nicht bei wie man Geld macht – nur so viel das sie ihren „Job" ausüben können.

3. Wenn diese Studenten ihr Studium beendet haben, dann werden sie ihr ganzes Leben lang in einer großen Abhängigkeit fristen. Sie werden immer nur für jemanden anderes arbeiten und dabei denken, sie sind im Begriff eine „Karriere" aufzubauen, während sie ihren Arbeitgeber sehr reich machen werden. Denn dies ist das „**Mindset**", welches diese Studenten ihr ganzes Leben lang in den Schulen eingetrichtert bekommen haben. Natürlich lebt die Wirtschaft und auch wir Investoren von solchen „Trotteln", aber Sie müssen doch nicht dazu gehören oder?!

Nicht zu vergessen das diese Studenten nach Beendigung ihres Studiums total verschuldet sind. Das heißt, all die Dinge die sie brauchen um „Geld" zu verdienen wie z.b. ein Auto um zur Arbeit zu gelangen, den Umzug und oder die neue Wohnung (Provisionen, Kautionen), den neuen Businessanzug usw. – werden sie dazu zwingen sich noch mehr zu verschulden. Das ist ein **gewollter** Teufelskreis! Selbst wenn diese Studenten nun einen „Job" ergattern sollten, sind sie schon so stark verschuldet, dass es ihnen nie möglich sein wird eine wirklich „kritische" Summe an Geld zurückzulegen – um diese dann gewinnbringend zu investieren. Und dies bringt mich zum nächsten Missverständnis welches die Leute haben:

2. „Du bist ein Loser, wenn du noch im Alter von 30 Jahren bei deinen Eltern lebst!"

Für dieses große Statement gebe ich Ihnen gerne ein konkretes Beispiel. Nehmen Sie zwei Jugendliche im Alter von 18 Jahren aus einer typischen Mittelstandfamilie. Der eine schlägt die Laufbahn der „Bildung" ein und geht studieren, der andere bleibt zuhause bei „Mami" und sucht sich einen gutbezahlten Job in der Industrie – Arbeit welche nicht gerade „angenehm" ist, dafür aber recht ordentlich bezahlt wird. Während nun der Student schon den ersten großen Schuldenberg angehäuft hat für sein Studium und all die damit verbundenen Kosten, arbeitet der andere den ganzen Tag und spart dabei 1500€ jeden Monat. Zusätzlich investiert er jährlich 12.000€ in Aktien und Optionen (natürlich mit den richtigen Strategien).

Nun ich kann Ihnen versichern, wenn diese beiden 30 Jahre alt sind, wird der Student seinen ersten „guten" Job haben, nur um seine Schulden zu tilgen. Wenn auf der anderen Seite, der sogenannte „Loser", der die ganze Zeit lang unter demselben Dach lebte, mit den Menschen die ihn geboren, genährt und umsorgt haben, nun ein Multi –Millionär mit dutzenden Immobilien und passiven Einkommensquellen geworden ist. Zudem braucht er nicht mehr arbeiten. Was denken Sie, wer ist nun der „Loser"?

Nun können Sie vielleicht verstehen, warum die Elite so sehr an der Zerstörung der Familie interessiert ist. Denn eine gesunde Familie bedeutet Macht! Eine Menge Macht! Und das wollen sie nicht. Sie wollen immer sicher gehen, dass Sie auch ja verschuldet sind. Alle Zeit –Ihr ganzes Leben lang! Wenn Sie, lieber Leser, also Ihren „Zenit" noch nicht überschritten haben und noch bei Ihren Eltern wohnen, dann empfehle ich Ihnen die Laufbahn des „Muttersöhnchens" einzuschlagen – denn so haben Sie die besten Chancen reich zu werden – und das wirklich sehr schnell!

3.3. Achten Sie auf Ihre Freunde

Es gibt da dieses berühmte Zitat von John Kuebler – **Zeig mir deine Freunde und ich zeig dir deine Zukunft!** Und ich kann Ihnen versichern, hierbei handelt es sich nicht um eines dieser gut klingenden Zitate, die Sie manchmal auf irgendwelchen Kalendern lesen – dieses Zitat trägt den ultimativen Schlüssel zum Erfolg in sich! Hier ist warum: Sie werden es bemerken, wenn Sie Ihren „Freunden" sagen werden: „Ich will Millionär werden", dann werden diese entgegnen: „Ach nein, niemals, das kann man nicht schaffen." – „Nur ein paar sind schlau genug dafür" – „Du bist verrückt" usw.

Warum sollten Ihre „Freunde" so etwas sagen? Nun das hat viele Gründe. Als aller erstes – all Ihre Freunde haben denselben „money blueprint"! Was soll das heißen? Antwort: All Ihre sogenannten Freunde haben nicht wirklich viel „Geld" oder?! Alle Ihre „Freunde" haben keine reichen Eltern, oder?! Alle Ihre „Freunde" arbeiten und umgeben sich auch sonst meist nur mit Leuten die auch kein Geld haben, oder?! Bedeutet – Ihre „Freunde" wissen nicht wirklich viel über Geld, denn selber haben sie keins und Leute welche „etwas" besitzen, kennen sie auch nicht. Durch diesen Umstand erhalten sie ein völlig falsches Bild über Geld. Sie denken, man müsse besonders „intelligent" sein, um große Summen Geld zu verdienen. Sie denken, man könne höchsten durch die Lotterie zum Millionär werden. Es tut mir leid so etwas sagen zu müssen, aber hierbei handelt es sich wohl um einige der dümmsten Menschen auf diesem Planeten!

Der zweite Grund ist, alle Ihre sogenannten „Freunde" leben in ihrer Komfort-Zone!

Dieser mentale Zustand und die dazugehörigen Verhaltensweisen, indem sie nur das machen, was sie „müssen"! Wie zur Schule gehen, einen Job kriegen und zu arbeiten – denn andererseits wären „Mami und Papi" ziemlich sauer, oder „was würden denn sonst die anderen von mir denken?" – „Ich muss ja meine Rechnungen zahlen, vor allen mein iPhone" – ich denke Sie haben verstanden, worauf ich hinaus möchte. Wenn Sie also nun durch diesen Kreislauf aus negativen Glaubenssätzen und Verhaltensweisen auszubrechen versuchen, dann werden Ihre sogenannten „Freunde" alles in ihrer Macht stehende versuchen, Sie davon abzuhalten. Denn durch Ihre neue Sichtweise auf das Leben werden sich Ihre Freunde sehr unwohl fühlen, wenn Sie sich mit ihnen umgeben. Also werden sie damit anfangen, Sie zu attackieren, um sich wieder „normal" fühlen zu können. Sie werden versuchen Sie denken zu lassen, Sie seien verrückt oder aber nur ein Tagträumer – denn andernfalls müssten sich Ihre Freunde vielleicht selbst ändern – und glauben Sie mir, Ihre Freunde wollen sich nicht ändern! Warum? Weil sie Angst haben! Sie bleiben nur bei den Sachen die sie schon kennen, das was „jeder" andere auch macht. Wenn also „jeder" sich um 6 Uhr morgens aus dem Bett quält, um dann den ganzen Tag zu arbeiten in einem Job, den man hasst, mit Menschen die man nicht mag, nur um dann auf dem Rückweg in dem auf „Pump" gekauften Auto im Stau zu stehen und darauf zu warten sich vor den Fernseher zu setzen, während man sich mit den Fingern noch schnell etwas „Nahrung" zufügt, um dann aber schnell wieder schlafen zu gehen, um morgens nicht ganz so müde zu sein – weil man ja wieder schuften gehen muss, aufgrund der ganzen Schulden, die man hat – dann ist das doch „voll normal" oder nicht?! Jeder der sein Leben anders gestalten möchte ist „verrückt" und wird attackiert!

Der dritte Grund, warum Ihre „Freunde" da sind – wo sie sind, liegt an ihren **Gewohnheiten**!

Ihre Freunde entwickelten ihre Gewohnheiten durch ihre Eltern und Verwandten, die sie in dem Kreis der „kleinen Leute" gefangen halten. Diese Gewohnheiten sind für Ihre Freunde total unbewusst. Dies ist auch der Grund warum 90% der Menschen es auch niemals schaffen werden! Aber sein Sie unbesorgt, Sie müssen nicht zu diesen 90% gehören. Welche Angewohnheiten? Beispielsweise – das Ausgabeverhalten von Geld! Die meisten Menschen geben mehr aus als sie verdienen, sie sparen nur wenig oder gar nicht. Nun, mit dieser Verhaltensweise werden sie niemals in der Lage sein, finanzielle Unabhängigkeit zu erreichen. In meinem Falle beendete ich alle alten Beziehungen zu meinen sogenannten „Freunden", als ich bemerkte, dass sie den „alten Alex" wieder haben wollten. Glauben Sie mir, Sie werden bessere

Freunde (echte Freunde) finden, wenn Sie sich wirklich natürlich ausdrücken können, ohne die ganze Zeit attackiert zu werden. Diese wirklichen Freunde werden Ihnen auf der nächsten Stufe Ihres Lebens begegnen. Machen Sie sich also bitte keine Sorgen, wenn Sie einige Zeit „alleine" sein sollten.

Es mag zwar komisch klingen, doch in manchen Abschnitten unseres Lebens ist es besser keine Freunde zu haben – besonders wenn Sie noch auf der Suche nach **sich selbst** und einer **neuen Richtung** in Ihrem Leben sind. In meinem Falle war es das Beste, was ich tun konnte!

Sie müssen also für sich selbst entscheiden und sich die folgenden Fragen ohne Angst stellen:

- Mit wem möchte ich mich umgeben?
- Wie behandeln mich meine Freunde?
- Bin ich zufrieden und glücklich mit meinen Freunden?

Treffen Sie Ihre Entscheidung für sich selbst. Aber behalten Sie dabei im Hinterkopf, die Menschen um Sie herum haben mehr Einfluss auf Ihr Leben (über 50%), als all die Bücher und das Wissen welches Sie in Ihrem Leben aufnehmen können. (Selbst dieses Buch)

3.4. Das richtige „Mindset"

Die meisten Menschen haben völlig falsche Vorstellungen über Geld und das Leben an sich. Sie denken nicht wirklich produktiv –oder sollte ich gar sagen – sie denken überhaupt nicht. Sie leben ihr Leben in einer totalen Unkenntnis, in der sich nicht realisieren, was ihre Gedanken und Handlungen für sie erschaffen. In anderen Worten, diese Menschen sind total ignorant gegenüber sich selbst, anderen und dem Leben an sich.

- sie heiraten und kriegen Kinder ohne überhaupt sich der Verantwortung und Konsequenzen bewusst zu werden, nur um dann ein „paar" Jahre später geschieden, pleite und deprimiert zu enden
- sie rauchen, trinken, essen ungesund und betreiben einen so schädlichen Lebensstil, sodass ihre Körper eines Tages völlig zerstört sind

Und dann, wenn sie die Resultate ernten, welche nur die Früchte sind, die sie einst durch ihre Gedanken und Handlungen gesät haben – fokussieren sie sich ausschließlich auf die „schlimme" Situation, anstelle zu fragen:" Wie bin ich hier hineingeraten, was sind die Gründe dafür?!"

Mein bester Rat ist also: Seien Sie immer 100% ehrlich zu sich selber – andernfalls bringen Sie sich um!

Wenn Sie also unglücklich sind mit Ihrem Leben, Ihrer Arbeit, Ihren Freunden, Ihrer Gesundheit usw. - dann denken Sie einfach daran, welche Art von Leben Sie führen wollen, wer Sie wirklich sein wollen, mit welchen Menschen Sie sich umgeben wollen – halten Sie die aufkommenden Gedanken fest und handeln Sie danach!!! Das ist der wahre Weg zum Glück im Leben und der eigentliche „Job", den Sie hier auf Erden haben, nicht Ihr Leben in einem „9 to 5 job" zu verschwenden und sich permanent Sorgen machen zu müssen. Die Wahrheit ist: Sie sollten sich niemals sorgen, denn es gibt **wirklich** keinen Grund dafür.

Kapitel IV. REICH IN DEN RUHESTAND

4.1. GOLD UND SILBER: DER RETTUNGSANKER

Wenn Sie wirklich verstanden haben was unser heutiges Geld ist (**nur ungedecktes Papier seit 1976**), dann werden Sie auch wissen, was zu tun ist! Bevor dieser Zeit, waren der Dollar und auch andere Währungen durch Gold und Silber gedeckt. So war die Stabilität der Währungen und Märkte garantiert.

Ich möchte hierbei nicht zu sehr ins Detail gehen (Sie sollten sich näher mit der österreichischen Schule für Ökonomie auseinandersetzen), aber es ist von sehr großer Bedeutung zu verstehen, dass nur Gold und Silber echtes Geld sind. Um nun also Ihr Geld (Energie) zu sichern, müssen Sie Gold und Silber haben! Aber selbst hier können sie noch fatale Fehler begehen. Hier sind die goldenen Regeln denen Sie folgen müssen, wenn Sie in Gold oder Silber investieren:

- Kaufen Sie Gold und Silber nur physisch. Keine Zertifikate und Derivate oder andere Papiere, die Ihnen Gold und Silber „versprechen". Sie kaufen nur „Papiergold/Silber" (ETFs, Derivate, Aktien) aus Spekulationsgründen – nie aber zum Sparen!
- Kaufen Sie anonym –andernfalls könnte der Staat Ihr Depot besteuern oder es gar einziehen. Sie können anonym große Gold- und Silberbestände kaufen mit-

hilfe der zahlreichen Onlinehändler (**Degussa, Pro Aurum, Goldmoney**).

- Kaufen Sie mehr Münzen als Barren – aufgrund der Flexibilität.
- Kaufen Sie nur weltbekannte Münzen wie Krügerrand, Wiener Philharmoniker, American Eagle usw.

P.S.: Nein, ich bin kein Agent der Edelmetallindustrie!

4.2. Die größte Chance Ihres Lebens

Aufgrund der weltweiten Papiergeldblasen, werden wir in nächster Zeit den größten Bullenmarkt im Gold und Silbersektor in der gesamten Geschichte der Börse erleben. Wenn die Massen realisieren werden, dass alle Papierwährungen wertlos sind, wird der große Umbruch aus dem Papier hinein in Sachwerte beginnen. Das wird die finale Phase sein. Aber dann wird es längst zu spät sein in Gold und Silber zu investieren! Warum? Ganz einfach, weil Sie keines mehr erhalten werden – und die Menschen die etwas besitzen, werden es nicht verkaufen (ganz abgesehen von den hohen Preisen). Eine Unze **Gold** wird mehr als **10.000$** kosten, eine Unze **Silber** wird mehr als **500$** kosten. Die Preise werden so stark explodieren, sodass die Mächtigen dazu gezwungen sein werden, die Preise ab einem bestimmten Level zu fixen (festzusetzen). Sie sehen also, bei diesen preislichen Niveaus werden die meisten Menschen schon ausgespielt – ganz einfach, weil sie es sich nicht mehr leisten können. Wenn Sie sich also heute die Preise dieser beiden Edelmetalle anschauen, sollte Ihnen bewusst werden, welch große Chancen Sie jetzt haben. Im Minensektor sind die Chancen und Möglichkeiten sogar noch größer. So eine Gelegenheit erhalten Sie nur einmal im Leben! Glauben Sie also bitte nicht den Lügen der Medien und „Experten", wenn diese von einer Blase im Edelmetallsektor sprechen und denken Sie für sich selbst. Wenn Sie die heutige Situation unseres Geldwesens studieren, analysieren und verstehen, dann werden Sie genug Selbstvertrauen haben, um die nötigen und radikalen Konsequenzen daraus zu ziehen. Ich würde Ihnen empfehlen, die Chance nicht zu verpassen, denn mit den richtigen Investmentstrategien wie z.b. Gold- und Silberminen – werden Sie zu den Gewinnern nach dem Finanzkollaps gehören und die Chance auf ein neues Leben und großen Reichtum erhalten, während die Massen leiden werden. Die mag ziemlich hart klingen – die Wahrheit ist aber: diese kommende Krise bietet Ihnen nur zwei Optionen – **werde reich oder verliere alles!**

4.3. Die beste Strategie für den Ruhestand

Sie haben eine Menge Möglichkeiten, wenn es um den Ruhestand geht. Die meisten Menschen setzen aber leider immer wieder auf die falschen. Es spielt wirklich keine Rolle ob Sie dabei auf eine Lebensversicherung, einen privaten Rentenfond, oder aber wie die meisten Leute, auf die Solidarität unseres Staates und einer staatlichen Rente hoffen. Heutzutage wird keiner dieser genannten Institutionen Ihre „letzten Tage" sichern!

Die meisten **Versicherungen** sind korrupt und in Wahrheit schon lange pleite (sie bewegen Ihr Geld nicht mal mehr in wirkliche Investments – nur von Ihrer Tasche in die der Mitarbeiter und Firmenbosse (Aktionäre) – der andere Teil Ihres Geldes wird an die Kunden ausgezahlt, die Ihre Versicherungssummen einlösen. Diejenigen die nun als letztes einzahlen – werden eine große Überraschung erleben, denn ihr Geld ist schon lange weg.

Im **privaten Rentensektor** ist es fast das Gleiche – dazu kommt hier noch das wirklich schlechte Management, wenn es um Geldgeschäfte geht.

Die staatliche Rente: Nun, alle Staaten der westlichen Welt sind pleite (ausgenommen Liechtenstein etc.) dank unseres „fiat money" System und dessen Machthaber.

Behalten Sie bei alldem noch im Hinterkopf was jede Versicherungen in Wahrheit will – Ihr Geld! Wie auch bei jeden anderen Unternehmen, liegt das Ziel dieser Institutionen in der totalen Profitmaximierung – nicht das Sichern Ihrer Zukunft! Alle diese Instrumente stellen keine gute Altersvorsorge dar. Was soll man jetzt also tun? Nehmen Sie Ihr Leben und dafür auch Ihre Altersvorsorge selbst in die Hand! Sie werden besser beraten sein, keine dieser genannten „Versicherungen" zu nutzen und Ihr Geld anstelle dessen selbst zu investieren (Aktien, Immobilien, Rohstoffe). Dies alles mit dem bestmöglichen Timing und Management. Lesen Sie also mehr außerhalb des Mainstreams und informieren und bilden Sie sich unabhängig auf dem Finanzsektor – wie Geld wirklich funktioniert – was Sie jetzt eigentlich schon wissen müssten!

Hier ist eine wirklich simple Strategie, welche Sie gegen Inflation schützen, Ihre Altersvorsorge sichern und Ihnen gleichzeitig eine gute Rendite bescheren wird:

- Nehmen Sie das Geld, welches Sie normalerweise in die Versicherungen bezahlen würden und kaufen Sie hierfür jeden Monat, oder einmal im Jahr – Gold und Silbermünzen physisch! Das Ratio welches ich empfehlen würde ist 80% Silber und 20% Gold!
- Bewahren Sie die Münzen zuhause auf (erzählen Sie es niemanden).
- Schenken Sie den Preisschwankungen und Entwicklungen der beiden Metalle keine Beachtung, kaufen Sie regelmäßig weiter – dann lehnen Sie sich zurück

und freuen Sie sich auf ihre Zukunft – denn es wird für Sie keinen Grund mehr geben, sich um Ihre Altersvorsorge zu sorgen.

4.4. Die Zukunft der globalen Wirtschaft

Wir leben heute in sehr gefährlichen Zeiten. Weltweit steigen die Arbeitslosenzahlen dramatisch an. Menschen verlieren ihre Arbeit, können ihre Schulden nicht mehr begleichen und verlieren fast alles (speziell in den USA). Die FED (Federal Reserve Bank) und die EZB senken permanent ihre Zinssätze und fluten so die „Wirtschaft" mit billigem Geld. Dieser Mechanismus sorgt für große Blasenbildungen in den Währungen (Hyperinflation). Natürlich wird ja all dies „nur" zur Stabilisierung der Wirtschaft getan und die sogenannten Experten applaudieren der EZB und FED regelmäßig, für die Straffung der Wirtschaft. Diese „Straffung" wird aber nie wirklich nachhaltig sein, denn eine gesunde Wirtschaft ist nur in einem gesunden Geldsystem möglich! Warum haben wir aber aufgrund der ach so großen Geldschwemme noch keine Hyperinflation? Haben wir! Schauen Sie sich bitte die Immobilienpreise, Aktienmärkte und selbst die der „Kunstgegenstände" an – dann wissen Sie wo das ganze Geld hinfließt – es fließt eben nur zu einem sehr kleinen Teil in die eigentliche Wirtschaft! Der große Rest fließt in Sachwertanlagen und dient damit allein den Spekulanten! Seien Sie bitte einer von ihnen! Diese Blasenbildungen werden aber sehr bald aufgestochen werden. Allen voran die Aktienmärkte! Dies wird durch die Anhebung der Zinssätze geschehen. Nach meinen Recherchen und Insiderinformationen werden wir dieses Jahr im **September/Oktober 2015** den großen Crash an den Aktienmärkten erleben. Besonders schlimm wird es die USA treffen. Dies hängt alles mit einem „geheimen" Zyklus zusammen, an den sich auch die Elite halten muss - der „Shemitah". **Ein alle 7 Jahre wiederkehrender „Crash"** — „Bereinigung", der künstlich aufgeblähten Aktienmärkte. Dieser Zyklus hat seinen Ursprung aus der Bibel. Wenn Sie mehr über diesen Zyklus erfahren wollen, empfehle ich Ihnen das Buch von Jonathan Cahn „The Mysteries of Shemitah".

Zu glauben, dass die Krise durch reines Gelddrucken gelöst werden kann, ist irrational und primitiv. Dieser Prozess unterliegt einem bestimmten Zeitlimit, denn früher oder später wird es zu einer Hyperinflation kommen. Das ist Fakt!

Ich weiß, dass all dies zunächst sehr entmutigend klingt, doch jede Krise bietet zugleich auch die größten Gewinnmöglichkeiten – so makaber sich das jetzt auch für Sie anhören möge. Ja, 90% der Menschen werden eine sehr schwere Zeit haben – und ja, besonders die Menschen in den USA und Europa. Die Frage ist nur – werden Sie unter diesen 90% sein? Denn wenn Sie die Hauptursache der ganzen Krise verstanden haben, dann eröffnen sich Ihnen ungeahnte Möglichkeiten, um aus diesem ganzen Dilemma einen persönlichen Nutzen zu schlagen und riesige Gewinne durch entsprechende Put Optionen einzustreichen (kaufen Sie diese bitte nur bei den Elitebanken wie z.B. Goldman Sachs, Citigroup, J.P. Morgan Chase da es zu einer **gewollten** großen Bankenpleite kommen wird). Natürlich würde ich gerne „alle" Menschen davor warnen, aber – und ich sage dies nach zahlreichen eigenen Erfahrungen – die meisten Menschen wollen die Wahrheit nicht hören. Sie wollen lieber weiter in ihrer „pinken" Traumwelt leben. Diesen Menschen kann man nicht helfen, denn jeder Mensch muss sich als aller erstes selber helfen, indem er sich der Wahrheit stellt – so esoterisch wie sich das jetzt auch anhören mag!

Kapitel V. Grundlagen des Investierens

5.1. Die Börse: das Casino für Profis

Die weltweiten Aktienmärkte haben sehr viele Ähnlichkeiten mit einem Spielcasino. Ich denke Sie alle haben schon einmal den Spruch „das Haus gewinnt immer", gehört. Nun, für das Casino bedeutet dies, das auf lange Sicht der Betreiber des Casinos immer gewinnt – auch wenn er seinen Besuchern die Illusion des großen Geldes durch seltene große Gewinne beschert, um sicher zu gehen, dass diese „Glückspilze" wiederkommen. Das ist der ganze Trick bei der Sache. An der Börse ist es eigentlich genau dasselbe. Die globalen Spieler, die in Kontrolle aller großen Banken und Medien sind, erläutern den Anlegern permanent die „Situation" am Markt. Dann geben sie ihnen Kauf oder Verkaufsempfehlungen, durch ihre Berichterstattung und Bankanalysten. Wenn es nun also eine Anlageklasse oder einen bestimmten Markt gibt, in dem die breite Masse nun erwünscht ist, dann wird diese Herde wie an der Leine gezogen in diese Märkte getrieben. Oft sieht es anfangs auch recht gut aus für die Privatanleger, da die Kurse meist noch steigen. Nun können die Anleger einige kleine Gewinne verbuchen – und werden somit wieder „spielen" (auf die Medien und „Experten" hören). Wenn aber in bestimmten Märkten wirklich **große gewinnreiche Chancen existieren** (stark über-kaufte/verkaufte Märkte), dann werden die Massen entsprechend **rein (durch Gier)** oder **raus (durch Angst)** getrieben!

Wenn Sie also an der Börse „spielen", dann spielen Sie bitte nach Ihren eigenen Regeln, nicht denen des „Hauses"! Bedenken Sie nämlich – ob gierig oder ängstlich – in beiden Fällen können Sie keinen klaren Gedanken fassen! Das ist der ganze Punkt! Sie sollten niemals getrieben durch Ihre Emotionen handeln. Niemals! Dies wird Ihnen sonst immer sehr viel Geld kosten. Besser ist es einen Trade nochmals kurz zu überdenken, bis man ihn dann wirklich ausführt.

5.2. Wie man an der Börse spielt

Die Börse bewegt sich in Wellen und Kreisen (Zyklen). Das war's! Um nun von diesen Gegebenheiten zu profitieren, benötigen Sie das richtige Timing! Es dreht sich alles nur ums Timing! Antizyklisches Verhalten! Ich werde hierzu noch näher eingehen in dem Abschnitt „der goldene Kreislauf" – nun möchte ich mich aber auf die eigentliche Strategie fokussieren:

die Börse wird eigentlich nur in zwei verschiedenen „Modes" (Märkten/Zuständen) gehandelt. Den **„Bullenmarkt" (langfristig steigende Preise – „Hausse")** oder dem **„Bärenmarkt" (langfristig fallende Preise – „Baisse")**. In beiden Fällen können Sie gewaltige Gewinne erwirtschaften. Um diese beiden Märkte zu identifizieren und Ihre Positionen dementsprechend zu platzieren, benötigen Sie die Fähigkeit der Trenderkennung. Was sind Trends? Einfach! Es gibt nur drei verschiedene Arten von Trends an der Börse:

- Aufwärtstrend
- Abwärtstrend
- Seitwärtstrend

Konzentrieren Sie sich immer nur auf die ersten beiden Trends – lassen Sie den Seitwärtstrend immer außen vor, denn in diesen Märkten ist es sehr schwer Geld zu verdienen, da Sie hier keine signifikanten Preisbewegungen vorfinden – welche den Schlüssel zu großen Gewinnen darstellen.

Wie erkenne ich einen Auf oder Abwärtstrend?

Das aller Wichtigste – hören Sie niemals auf die Mainstream Medien und deren „Experten, genauso wenig wie auf die Bankanalysten, ansonsten werden Sie immer mit dem Strom schwimmen und Geld verlieren. Traden Sie „gegen" die Massen. Wenn es einen neuen Hype an der Börse gibt, alle Medien und selbst „die Apothekenrundschau" für bestimmte Aktien oder Märkte werben, dann halten Sie Ihr Geld bereit, um diesen Markt zu „hedgen". Aber bevor Sie Ihr Geld gegen diesen Markt setzten, (was nichts anderes bedeutet – als das Sie wissen, er wird zusammenbrechen) benötigen Sie einige Hintergrundinformationen, warum der Markt einbrechen kann und wird! Sie müssen also einige Recherchen anstellen um alle Möglichkeiten und Gründe, (die von den Medien absichtlich ausgeblendet werden) durchzuspielen – warum der jeweilige Markt einbrechen muss. Sie tätigen diese Recherchen entweder persönlich, oder holen sich hierfür professionelle Hilfe. Ich würde Ihnen letzteres empfehlen und die Recherche einem **unabhängigen** und vor allen Dingen - erfolgreichen Börsenbrief überlassen (www.goldfinger-report.com). Dies wird Ihnen:

- Geld sparen!
- Zeit sparen!
- Geld bringen!

Die Strategie: Sie wollen in den Markt, wenn „alle" anderen raus wollen – und aus dem Markt, wenn alle rein wollen. Es ist wirklich so einfach. Wenn Sie dieses Timing haben, werden Sie immer die höchst mögliche Performance erzielen. Ganz einfach weil Sie auf dem Boden kaufen und am Hoch verkaufen. Es war schon immer so. Die Börse hat viel mehr mit Emotionen zu tun, als mit der eigentlichen Wirtschaft. Behalten Sie das im Hinterkopf!

Nun werde ich Ihnen ein paar Investmentinstrumente vorstellen, mithilfe von denen Sie antizyklische Strategien umsetzen können. Um gegen einen überkauften Markt zu „wetten" wie beispielsweise den Dow, gebrauchen Sie Short – Positionen, genannt Put Optionen.

Was sind Optionen?

Optionen werden im Future-Markt gehandelt. Diese Terminbörse wird auch als Derivate-Markt bezeichnet. In diesem Markt kaufen oder verkaufen („callen" oder „putten") Sie einen Wert (Aktie, Index, Rohstoff) zu einem festgeschriebenen Preis (Basiswert), welchen Sie auf der anderen Seite erst in der Zukunft kaufen oder verkaufen „müssen" – die Preisdifferenz zwischen Ihrem Basiswert und der aktuellen Preisentwicklung bildet Ihren Gewinn oder Verlust.

Es gibt 2 Arten von Optionen!

1. **Call Optionen** (für steigende Preisspekulationen) auch genannt – „**long**" Positionen
2. **Put Optionen** (für fallende Preisspekulationen) auch genannt – „**short**" Positionen

Wenn Sie sich für eine dieser beiden Optionen entschieden haben – gibt es erneut zwei Arten von Optionsscheinen:

- Open – end Produkte – diese sind Zeitlich „**unbegrenzt**"
- Limitierte Produkte – diese haben eine festgelegte „**Laufzeit**"

Beide Produkte haben eine sogenannte **Knockout – Schwelle**, wenn diese berührt oder je nach Art (**call oder put**) unter oder überschritten wird, verfällt der Schein wertlos - ein open-end Produkt **sofort** – beim limitierten Optionsschein zählt nur der Zeitpunkt des **Fälligkeitsdatums (der Ausübung)** – ich bevorzuge diese Art von Optionen (mit fester Laufzeit), aufgrund des meist wesentlich größeren Hebels und gleichzeitig geringem Risikos, verglichen mit den Open-end Produkten. Hier ist ein kleines Beispiel zu einer Put Option mit einer festen Laufzeit die ich im Jahr 2014 getätigt habe. Ich kaufte eine Put Option auf den Dax. Der Basiswert für dieses Produkt war 9000 (was die Punkte des Dax darstellt). Der Zeitpunkt der Ausübung war der 19.11.2014. Der Hebel war zum Einstiegszeitpunkt 89, heißt wenn der Dax 2% fällt, steigt mein Produkt um 178% (2x89). Ich kann dann während der gesamten Laufzeit mein Produkt verkaufen (auch nur Anteile) und meinen Gewinn mitnehmen. Ich brauche also nicht bis zum Tag der Ausübung warten – was das Risiko wiederrum erheblich sinken lässt.

Hinweis: dies ist nur ein vereinfachtes Beispiel, dennoch würde ich Ihnen raten sich sehr mit den Terminbörsen auseinander zusetzten, selbst wenn diese immer noch einen sehr schlechten Ruf unter Privatanlegern genießen und hiermit sehr viel Schindluder betrieben wird. In den nächsten Kapiteln werde ich Ihnen genauere Anleitungen zum Handel mit Optionen geben.

5.3. Der goldene Kreislauf

Wenn Sie diesen immer wiederkehrenden Kreislauf des Geldes verstehen, werden Sie immer Geld machen – während es die Masse der Menschen verlieren wird. Was ist nun also der goldene Kreislauf? Wie die meisten Dinge des Finanzsektors – nachdem Sie es herunter brechen –sehr einfach und logisch. Aktien, Immobilien und Rohstoffe, folgen alle denselben Regeln: den Regeln der Geldmenge und der Massenpsychologie.

So funktioniert es: Die Zentralbanken drucken willentlich zu viel Geld, um die Wirtschaft zu „stimulieren" und den Menschen damit ein falsches Bild der Wirklichkeit zu geben. Diese „Geldschwemme" fließt nun in die anfangs genannten Anlageklassen (Aktien, Immobilien, Rohstoffe). Während nun aber immer nur 2 dieser Anlageklassen „favorisiert" und damit aufgebläht werden bis es zu Blasenbildungen kommt, wird eine dieser 3 Anlagen künstlich unten gehalten (durch Medien und die Terminbörse). Und wie Sie jetzt schon längst wissen, wenn sich nun alle auf Aktien und Immobilien stürzen, werden natürlich gleichzeitig die Edelmetalle künstlich unten gehalten. Die Wahrheit ist aber – die negative Berichterstattungen in den Medien und die gleichzeitige Angst der Anleger, sind in Wirklichkeit die „geheimen" Signale bzw. der **Peak-Point**", um die eigenen Investments dementsprechend zu verlagern. Die Elite weiß dies natürlich – ganz einfach weil sie es steuert und verursacht. Wenn nun also die breite Masse der Anleger in Aktien und Immobilien geht, welche sich im

Moment in einer riesigen Blase befinden, verkauft die Elite gleichzeitig ihre Positionen – um in Gold und Silber zu wechseln. Dies ist „**sell high and buy low at its best**"! Denn keine Anlageklasse kann immer nur steigen. Selbst Gold und Silber nicht – Sie müssen aber wissen wann eine Anlageklasse in einer Blase ist oder nicht. Wenn Ihre Anlageklasse Ihr Hoch erreicht – dann verkaufen Sie! Um diese aber natürlich für einen Profit zu verkaufen, müssen Sie mit dem Fluss des goldenen Kreislaufes handeln, nicht dem Kaufverhalten der Masse folgen – welche immer zu spät kommt. Sie müssten die zwei aufgeblähten Anlageklassen (Immobilien und Aktien) nachdem Zeitpunkt der großen Depression (2008) erworben haben – als diese beiden Klassen (vor allen Aktien) total „unterbewertet" waren. Sie sehen also – all die Anleger, die jetzt in Aktien und vor allen in Immobilien investieren, kommen wieder zu spät. Diese Blasen werden wieder platzen. Wer hätte das gedacht?!

Sie können nun Gold und Silber für unterbewertete Preise erwerben. Speziell Gold - und Silberaktien – die Sie nun teilweise wirklich „hinterhergeschmissen" bekommen. Und wenn dann der Bullenmarkt im Edelmetallsektor (welcher erst begonnen hat) seinen Peak erreicht, dann verkaufen Sie Ihr Gold und Silber (Minenaktien + Optionen), um dann in Aktien und Immobilien bei Tiefkursen einzusteigen. Und dann das gleiche Spiel wieder andersherum. Und wieder und wieder! Wenn Sie Ihre Kaufpositionen mit dem Fluss des „goldenen Kreislaufes" starten, werden Sie immer das beste Timing und dafür auch die höchst möglichen Gewinne haben. So funktionieren Finanzen und Wirtschaft – dafür brauchen Sie keinen Master – die „Bildungsanstalten" lehren es Ihnen sowieso nicht.

5.4. Die 10 goldenen Regeln des Investierens!

1. Investieren Sie niemals Geld, welches Sie nicht haben!
2. Geraten Sie nicht in Panik, wenn es alle anderen tun!
3. Werden Sie nicht gierig, wenn es alle anderen werden!
4. Platzieren Sie niemals Ihr ganzes Geld in nur eine Aktie/Option!
5. Halten Sie immer etwas Geld bereit für neue Möglichkeiten!
6. Bleiben Sie immer gelassen!
7. Erzählen Sie niemanden wie viel Geld Sie gewonnen oder verloren haben!
8. Jeder macht Fehler, selbst Sie!
9. Reinvestieren Sie immer einen Teil Ihrer Gewinne!
10. Verlieren Sie nicht den Boden unter den Füßen, wenn Sie Ihre erste Million gemacht haben!

5.5. Die 3 Arten des Investors

An der ganzen Börse gibt es **nur 3 Arten** von Investoren:

1. **Der Cash Flow Investor**
(dieser kann zusätzlich noch in **2** Untergruppen geteilt werden)

Typ 1. Der Großinvestor
Wie z.b. Warren Buffet. Diese Gruppe von Anlegern investiert ausschließlich nur für Cashflow. Sie kaufen erfolgreiche, große und solide Unternehmen, welchen ihnen einen konstanten und sicheren Geldfluss über Jahrzehnte garantieren.
Hinweis: Sie investieren **nur** für Cashflow – nichts Anderes! Darüber hinaus sind sie in der Lage aufgrund ihres schon enormen Reichtums – jede Baisse auszusitzen. In der Realität sind sie in solchen Szenarien sowieso kaum betroffen, da ihre Unternehmen deren Dividenden weiterhin ausschütten!

Typ 2. Der Kleinanleger (Privatanleger)
Diese Anlegergruppe sind die „Konservativen". Sie scheuen meist jegliche Risiken und investieren – ähnlich wie die „big boys" in große Titel und Indices, um ihre jährliche kleine Rendite zu erwirtschaften. In Wahrheit aber trägt diese Gruppe von Anlegern die

größten Risiken überhaupt. Aufgrund ihrer hohen Unkenntnis, sind diese Anleger meist die größten Verlierer an der Börse. Sie gehen immer nur verstärkt in die Märkte zum Ende der Hausse (geben ihr Geld in die „starken Hände") und schmeißen zu Tiefkursen alles weg. Insider bezeichnen sie auch als **die „blinde Herde der Börse"**. Diese „Schafe" hassen „riskante" Investments, wie beispielsweise Derivate und werden in Wirklichkeit nur zu Stimulierung des Marktes benötigt.

2. **Der Day Trader**
Diese Spekulanten handeln meist Währungspaare und das in Zeiträumen von nur Minuten oder gar Sekunden (Binäre Optionen). Für ihre „Strategien" nutzen sie verschiedene Formen der Chartanalyse und hoffen so ein paar „Pünktchen" zu machen. Dies ähnelt aber sehr dem Zocken in einem Spielcasino mit der ständigen Gefahr eines Totalverlustes, denn diese Jungs handeln schließlich gegen Supercomputer – welche ihre Ordern in nur Nanosekunden aufgeben können. Verstehen Sie mich jetzt nicht falsch – natürlich ist es möglich, in diesem Bereich Geld zu verdienen – auch täglich und das auch in großen Summen. Dies erfordert aber lange Jahre Erfahrung, gute Handelssoftware und den Mut zu wirklich großem Risiko. Für An-

fänger total ungeeignet! Zudem ist es sehr zeitaufwendig und kann ziemlich nervenaufreibend sein.

3. **Der Langzeitinvestor**
Diese Gentlemen investieren hauptsächlich in große Trends mithilfe von Aktien, Optionen und Indices. Sie handeln in größeren Zeiträumen von Wochen, Monaten und Jahren. Für ihre Investmentstrategien nutzen sie die:
- Chartanalyse
- Fundamentals
- Den Zyklus der Märkte
- Die politische Situation
- Und in einigen Fällen – Insiderinformationen!

Wenn es um die Analyse des Marktes geht, haben diese Jungs die größte „Werkzeugkiste", verglichen mit den Day Tradern, die nur ihre Charts analysieren können – (aufgrund ihres engen Zeitlimits). Ich denke, Sie konnten schon ein wenig herauslesen, dass ich diese Art der Investoren bevorzuge. Und Sie haben recht – ich selber bin größtenteils ein Langzeit Investor, wenn es um meine größeren Positionen geht. Zudem könnte man mich auch als Day Trader bezeichnen, da ich täglich trade, aber dies nicht im klassischem Sinne, (ich handle keine Binären Optionen). Ich habe meine eigenen Methoden entwickelt. Und in den nächsten Kapiteln werde ich Ihnen zeigen, wie Sie täglich Geld verdienen an der Börse und zugleich ein erfolgreicher Langzeitinvestor sein können.

Kapitel VI. Die grössten Mythen und Unwahrheiten der Börse

6.1. Mythos Nr. 1: Die Börse ist sehr kompliziert

Ein sehr verbreiteter Mythos ist der über die angebliche „Komplexität" der Börse und dessen Instrumente. Dieses Feld sei nur für richtige „Experten" und Analysten, die dazu noch einen sehr hohen Schulabschluss vorweisen können und die Märkte schon seit Jahrzehnten „bestens kennen".

Es könnte nichts ferner von der Wahrheit sein, als dieses Statement! Die Wahrheit ist – dass ein kleiner verschworener Kreis aus Insidern, Bankern und einigen Brokern, dem „Durchschnittsmenschen" in dem Glauben lassen wollen, die Börse sei ja viel zu kompliziert für ihn. Er solle sich da lieber ganz raushalten, oder wenn er auch „profitieren" möchte, sein Geld in die Hände der „Experten" geben – während diese Milliarden verdienen und dem kleinen Mann nur die Schulden oder „Pennies" übriglassen.

Um Ihnen dieses Bild über die Börse verkaufen zu können – benutzen sie „komplexe" Fremdwörter. Diese Menschen oder besser gesagt, die Börse hat ihre eigene Sprache. Derivate, Knock Outs, Waves, puts, calls –long –short –ETF's – ETC's usw. **Lernen Sie diese Sprache!** Denn dann wird die Maske der "Komplexität" schneller fallen, als die Blätter im Herbst und Sie werden realisieren, wie einfach es im Grunde ist – mithilfe dieses „Spielcasinos" und dessen Instrumente reich zu werden!

6.2. Mythos Nr. 2: die Stop-Order

Viele „Experten" empfehlen die sogenannte Stop-Order, um mit Hilfe eines dann festgelegten Preises (wenn dieser erreicht ist und automatisch verkauft wird), größeren Verlusten vorzubeugen. Dieser Mechanismus soll Investoren gegen große Preisstürze schützen. Lassen Sie mich eines über Stop-Order sagen: Auf lange Sicht – werden Sie Ihnen viel Geld kosten und es nie wirklich absichern! Warum: Es kommt nämlich sehr häufig vor, das kurz nachdem die Stop-order Ihr Investment automatisch verkauft hat – der Kurs wieder dramatisch dreht und in den Himmel schießt oder total in den Keller rauscht (im Falle einer Shortspekulation). Dies sind sogenannte **Bullen und Bärenfallen** und über 90% der Marktteilnehmer fallen, aufgrund von Stop-Ordern, auf sie herein! Sie müssen wirklich hinter Ihren Investments stehen! **„Pick right – sit tight"**! Auch wenn es einmal schlecht aussehen sollte! Dies wird häufiger der Fall sein, doch das ist völlig normal und aus antizyklischer Sicht, sogar vorteilhaft! Natürlich werden Sie auch Geld verlieren, wenn Sie die Stop-Order immer meiden – doch wie ich schon erwähnte – meist handelt es sich nur um Bullen oder Bärenfallen, um die „schwachen Hände" aus dem Markt zu spülen! Stellen Sie sich einmal vor, Sie kaufen eine Aktie und setzen Ihre Stop-order, nur um zu sehen wie Ihre Aktie ein neues Allzeithoch erreicht – nachdem Sie diese aufgrund Ihrer Stop-Order verkauft hatten.

Glauben Sie mir – die Stop-Order ist der Hauptgrund, warum die meisten Anleger nie an das große Geld kommen! Vorteilhafter wäre es, Ihre Position mit Hilfe einer Option zu „hedgen" (abzusichern). So kann man also, nachdem man beispielsweise eine bestimmte Aktie kauft – eine langlaufende Put-Option mit kleinem Einsatz, aber großen Hebel, „darunter" platzieren. Sollte Ihre Aktie nun also einen sehr starken Kursrückgang erleben, so würde Ihre Put Option den Verlust wieder einholen – in vielen Fällen sogar noch übertreffen. Ihre Aktie hätten Sie immer noch, der Verlust wäre ausgeglichen – und Sie sind immer noch im Spiel – während Leute mit einer Stop-Order schon längst raus wären- und zwar mit Verlust! Wenn aber Ihre Aktie sehr stark steigen sollte, können Sie diese verkaufen und haben aufgrund des kleinen Einsatzes in die Put- Option, trotzdem ihren Gewinn erwirtschaften können. Ich bevorzuge diese Strategie, gegenüber der Stop-Order!

Es gibt nur einen guten Grund, oder besser gesagt – Moment, indem man eine Stop-Order setzen sollte! – Wenn Ihr Investment dessen Einkaufspreis überschritten hat und Sie es trotzdem noch nicht verkaufen wollen, weil Sie glauben der Kurs könnte noch stärker steigen! Ein Beispiel: Sie kaufen Aktien für **5€ je Stück**. Nun steigt der Kurs auf etwa **10€** je Aktie. Sie haben nun also Ihr Investment verdoppelt. Aber die Rally geht weiter und Ihre Aktie durchbricht die **15€ Marke** und erreicht den Preis von **15,65€** je Aktie. Um nun den größtmöglichen Profit aus dieser Situation zu schlagen, könnten Sie eine Stop –Order beim Preis von etwa **15€** setzen, um weiter mit der Rally zugehen –ohne dabei Ihre bis dato gemachten Gewinne zu riskieren.

Zusammenfassung:

Für die Absicherung von Gewinnen – nutzen Sie eine Stop-Order (Kurs liegt über Einkaufspreis).

Für die Absicherung von Verlusten – nutzen Sie eine Put – Option (Kurs geht unter Einkaufspreis).

6.3. Mythos Nr. 3: 10% Jahresrendite ist „gut"

Dies ist eine der größten Mythen unter Anlegern. Sie investieren ihr Geld in Festgeldkonten, Fonds, Bausparverträgen oder Aktien mit einer jährlichen Rendite von etwa 2-3 %. Wenn sie „gut" sind – 10%. Das Problem ist nur, das eben auch diese Leute glauben, sie wären gute Investoren. Sie glauben alles über 10% ist nicht „seriös" oder aber zu riskant. Arme Anleger!

Ich kann Ihnen versichern, eine jährliche Rendite **von über 500%** ist nicht wirklich eine große Sache! „Aber dann würde das doch jeder machen!?" – Nein, „jeder" denkt 5% Jahresrendite ist sehr gut und alles darüber unmöglich! Die meisten Menschen öffnen sich nicht für die ganzen Möglichkeiten, die Investoren zur Verfügung stehen. Also geben sie lieber ihr Geld in die Hände von korrupten, oder meist inkompetenten Managern. Aber:

Wir leben heutzutage im **Informationszeitalter**! Sie können nach jedem beliebigen Thema etwas „googeln", **jederzeit**! Es gibt viele großartige Börsenbriefe und Investoren „da draußen", die gerne ihr Wissen und ihre Erfahrungen weitergeben. Also keine Entschuldigungen wie: „Ich bin ja kein Experte, also mache ich lieber ein unkompliziertes Investment (Bankkonto/Sparverträge) und schmeiße mein Geld dem System oder jemanden anderes hinterher!" Das wäre das Dümmste, was Sie tun könnten. Die Erträge dieser Institutionen liegen unter der Inflationsrate (selbst der Offiziellen). Das heißt, Sie verlieren jedes Jahr Geld. Ein Beispiel: Meine Abonnenten (goldfinger-report.com) erreichen eine Durchschnittliche (jährliche) Rendite von **etwa 600%**. Das heißt, sie versechsfachen ihre Einsätze jährlich und das nur durch die Nutzung von Informationen – nicht dadurch, dass sie ihr Geld in die Hände von Fremden geben! Dies ist nur ein kleines Beispiel, um Ihnen aufzuzeigen, was möglich ist im Leben. Hören Sie also bitte nicht auf die Menschen, die selber kein Geld haben – wie z.B. Ihr lokaler Bankberater!

Kapitel VII. WIE MAN INVESTIERT: DIE BESTEN STRATEGIEN FÜR DIE BÖRSE

7.1. DIE 2 STUFEN DES INVESTIERENS

1. Für Kapitalgewinne (Wachstum)

2. Kapitaleinkommen – Cashflow (passives Einkommen)

Einige Investoren sagen, man solle nur für Kapitaleinkommen – Cashflow investieren, dies seien die „besten" Investments. Nun, in vielen Punkten liegen diese Investoren definitiv richtig, aber wir müssen einige Dinge berücksichtigen, wenn wir über Cashflow Investments reden.

Kapitalgewinngeschäfte sind meistens kurzfristige Investments, mit höheren Risiken als Cashflow Investments. Der Gewinnorientierte Investor pickt sich eine Aktie, einen Rohstoff, eine Immobilie usw. und „wettet" nun auf den Wertezuwachs dieses Investments. Aber nicht alle dieser Investments müssen „Wetten" sein. Es kommt immer darauf an, ob der Investor seine „Hausaufgaben" gemacht hat. Wenn dieser den Markt wirklich studiert und analysiert, Recherchen betreibt und wirklich an sein Investment glaubt –nicht aus Angst oder Gier heraus – dann wird so ein Investment niemals nur eine „Wette" sein! Man muss einfach genau wissen, was man tut!

Der einzige Risikofaktor an der Börse ist der Stand Ihres finanziellen Wissens!

Wenn Sie die oben genannten Vorbereitungen treffen, die Medien antizyklisch interpretieren – dann können Sie Ihren Risikofaktor auf ein Minimum reduzieren. Denn für Cashflow Investments benötigt man schon „etwas" mehr Kapital! Und der beste und zudem auch schnellste Weg, um an dieses nötige Kapital zu gelangen, sind meiner Meinung nach, Investments in Aktien und Derivate aufgrund von wirklicher finanzieller Bildung – keinen Unsinn von der „Uni" oder einem Verkäufer genannt – „Broker".

Cashflow Investments:

Wie ich schon erwähnte sind Cashflow Investments meistens sehr kapitalintensiv. Ein Beispiel: um eine wirklich gute Dividende zu erwirtschaften, benötigen Sie sehr viel Geld. Wir nutzen hierzu die Aktie von BMW als ein Beispiel. Nun lassen Sie uns sagen der Preis dieser Aktie liegt bei etwa **90€ je Stück**. Die Dividende ist **2,95%** - das heißt, Sie würden bei unserem Kurswert (von 90€) 2.60€ je Aktie bekommen. Nun sagen wir Sie haben für **150.000€** diese Aktien gekauft. Das würde bedeuten: **(150.000€/90€)x2.60€=4333,33€**. Das wäre also Ihr jährliche „Cashflow", nachdem Sie 150.000€ in diese Aktie investiert hätten. Stellen Sie sich das doch bitte noch einmal vor – Sie **investieren 150.000€** Ihres Geldes in eine Aktie, die permanent den ständigen Kurschwankungen der Börse unterliegt (ganz zu schweigen das eine Firma auch Konkurs gehen kann), nur um eine jährliche Dividende von **4333,33€ (- Steuern)** zu erwirtschaften?! Zudem würde es ganze **34 Jahre** dauern, bis Sie Ihren Einsatz von **150.000€** wieder zurück hätten. In Wirklichkeit hätten Sie noch nicht einmal einen einzigen Cent aus Ihren 150.000€ gemacht - und **das nach 34 Jahren**! Nun, ich denke, das ist wirklich Wahnsinn! Für 150.000€ könnten Sie zum Beispiel fast **2** Häuser und eine Wohnung in Thailand kaufen. Wenn Sie von einer durchschnittlichen Rente von **400€** per Objekt im Monat ausgehen, dann hätten Sie schon einen jährlichen Cashflow von **14.400€ (400x12=4.800x3=14.400€)**. Ich denke dies wäre ein weitaus besseres Investment. Nur zur Erinnerung – in beiden Fällen investieren Sie **150.000€**. Im ersten Modell erwirtschaften Sie eine Dividende von **4.333,33€** - im zweiten Modell **14.400,00€**. Natürlich gibt es auch Risiken im Immobilienmarkt, aber dies soll auch nur ein vereinfachtes Beispiel sein, um Ihnen zu zeigen wie viel Geld Sie wirklich benötigen, für die Generierung einer passiven Einkommensquelle, von der Sie wirklich leben können. Die Antwort ist: Sie benötigen weitaus mehr als **150.000€**.

Und um dieses Geld zu erwirtschaften, selbst 150.000€ - müssen Sie irgendwo anfangen, richtig?! Wie Sie nun in den nächsten Abschnitten lesen werden, gibt es eine Reihe von einfachen und wirklich profitablen Kapitalgewinnstrategien, für die Sie nur ein recht kleines Startkapital benötigen, um damit riesige Summen erwirtschaften zu können. Erst wenn Sie Ihre **erste Million** gemacht haben, dann können wir über **Cash Cows** und Cashflow sprechen!

Einige Leute könnten vielleicht jetzt noch argumentieren: „ Ja, Sie haben eine schlechte Aktie für Ihr Beispiel ausgewählt! Es gibt Unternehmen, die zahlen eine viel höhere Dividende!"

Ja, Sie haben recht. Solche Unternehmen gibt es tatsächlich. Firmen die Ihnen 5 bis 8€ die Aktie zahlen. Aber das hat auch einen Grund, warum diese Firmen Ihnen dieses Geld zahlen „**müssen**" oder „**können**". Ich kann Ihnen eines versichern, diese Unternehmen sind **A.)** entweder total riskante Firmen, die so Investoren locken wollen – oder **b.)** der Aktienkurs ist schon so hoch, was die ach so hohen Dividenden wieder relativiert. Lassen Sie sich also nicht von großen Zahlen täuschen. Für Cashflow Investments suchen Sie sich nur große, solide Unternehmen, bei denen Sie sicher sein können, dass es sie auch noch in den nächsten 50 bis 100 Jahren geben wird! Und solche Unternehmen zahlen Ihnen niemals eine solch hohe Dividende – ganz einfach, weil sie es nicht nötig haben!

7.2. Die „Kapitalgewinntaktik"

Das Wichtigste beim Investieren ist – besonders bei Kapitalgewinninvestments – das Reinvestieren der Gewinne. Mit jedem Schritt (**Reinvestition**) Ihres neuen Kapitals (Gewinne), nutzen Sie neue Instrumente und Strategien, um Ihre Risiken zu dezimieren.

Schritt 1. Das heißt zum Beispiel – Sie starten mit einem Kapital von 2000€. Sie investieren dieses Geld in ein paar Optionen (Warrants mit einem Knockout und **fester Laufzeit**). Sehr riskante Instrumente im Derivatenmarkt – dafür aber mit sehr hohen möglichen Gewinnchancen.

Schritt 2. Lassen Sie uns davon ausgehen, dass Sie erfolgreich waren und aus Ihren anfangs 2000€ - mithilfe der Optionen (auf die ich später noch näher eingehen werde), 25.000€ gemacht haben. Nun könnten Sie 5000€ zur Seite legen und die restlichen 20.000€ in mindestens ein duzend Minenaktien investieren. Beispielsweise Gold und Silberaktien, größtenteils **Juniors**, aber auch vereinzelt **Explorer**-Titel.

Schritt 3. Nun lassen Sie uns davon ausgehen, dass Sie „selbst" hier erfolgreich waren und Ihr Portfolio bis auf einen Wert von 150.000€ - durch einen zweijährigen Bullenmarkt im Edelmetallsektor, gebracht haben! Nun könnten Sie wieder etwa 50.000€ zur Seite legen und die restlichen 100.000€ in einen **großen Index** – der gegenwärtig sehr stark unterbewertet ist – kaufen. Sie hätten hierbei fast kein Risiko – da ein

Index schlecht „pleite machen" kann und zudem super diversifiziert ist. Dafür hätten Sie natürlich auch einen kleineren Hebel von einem maximalen Wertezuwachs von **500%**. Bei 100.000€ wären das aber immer noch 500.000€ bei geringstem Risiko! Hier ist ein Modell zu dieser Strategie:

Portfolio Einsatz	Start options (knockouts)	Hebel
5%	risk factor **50%**	50-400
	⇩	
50%	**"Minenaktien"** risk factor **25%**	10-80
	⇩	
90%	**"Index points"** risk factor **10** to **0%**	2-6

(abhängig davon auf welchem "Level" Sie die Punkte kaufen)

7.3. Wie man Optionen handelt

Bevor ich mit meiner Strategie beginne, möchte ich noch einige Dinge über Derivate klarstellen!

Der Derivatenmarkt hat einen sehr schlechten Ruf in den Medien, speziell aber unter Privatanlegern und Kleinspekulanten – weil er sehr riskant ist. Man könnte zudem noch zufügen, der Derivatenmarkt ist das reinste Spielcasino der Bankenindustrie und ist mehr und mehr zu einem riesigen Schneeballsystem verkommen. Ja, da haben Sie schon recht, dennoch kann man mithilfe dieses Spielcasinos ungeheuer große Summen an Geld erwirtschaften!

Was Optionen sind, habe ich bereits in dem Abschnitt „Wie man an der Börse investiert", erklärt. Sind Optionen riskant? Nun, das hängt ganz mit Ihren Entscheidungen und der jeweiligen Zeitqualität zusammen, aber ich muss gestehen – Optionen werden einer der riskantesten Anlageklassen (**E**) zugeordnet. Sie können diese Risiken erheblich reduzieren, wenn Sie wissen, wie man diese richtig benutzt. Und ich werde Ihnen zeigen wie:

Kurzfristige Trades mit Optionen

Als Allererstes benötigen Sie einen Marktsektor (**Rohstoffe, Aktien, Indices**), an dem Sie Ihre Optionen platzieren können.

Ich selber habe mich im **Rohstoffsektor** auf **Gold und Silber** – und im großen **Industriesektor** auf den **DAX** spezialisiert. Hier erziele ich die größten Gewinne mithilfe meiner Long und Short Strategie. Ich werde nun im Folgenden versuchen diese Strategie bis auf den Kern herunter zu brechen, damit Sie alles verstehen – von Chancen und Risiken, um sicher zu gehen, dass auch Sie wirklich erfolgreich sein werden.

1. **Auch hier ist das Motto:**
   „Callen" und „putten" zur richtigen Zeit (antizyklisches Verhalten)
2. **Immer dem „Smart money" folgen – den Commercials!**
3. **Setzen Sie kleine Beträge – die Sie verkraften können.**
4. **Nutzen Sie die richtige Art von Optionen (Warrants mit fester Laufzeit)**
5. **Streuen!**
6. **Reinvestieren!**
7. **Werden Sie reich!**

Lassen Sie uns nun mehr ins Detail gehen: (**Punkt 1. und 2.**)

Ich werde Sie nun für den Silbermarkt ausbilden, ganz einfach, weil ich hier die größten Gewinne erziele.

Der wichtigste Schritt und Startpunkt dieser Strategie (ob Sie Short oder long gehen sollten), ist der Commitments of Traders Report (CoT), welchen Sie unter www.cftc.gov – (oder in einer wie ich finde etwas übersichtlicheren Form auf www.goldseiten.de – dann auf Kurse klicken –danach auf Cot

Daten!) jeden Freitag neu abrufen können. Hier können Sie erkennen, ob die wirklichen Insider des Marktes – **die Commercials** - auf der Long oder Short Seite sind. Dies sind die Positionierungen auf die Sie achten sollten, nicht etwa die Positionen der Non-Commercials (Großspekulanten – wie es die sogenannten „Experten" immer wieder empfehlen.

Dies ist der erste Schritt, um zu wissen, ob man Long (**Call**) oder Short (**put**) gehen sollte.

Schritt 1. Lesen Sie den Cot – Report (**jeden Freitag** auf goldseiten.de)

Hinweis: Der Cot-Report ist unterteilt in **3** Gruppen:

Die Non Commercials (Großspekulanten)

Diese Gruppe von Händlern, besteht aus Spekulanten, die über zukünftige Markteinschätzungen Gewinne erzielen wollen. Sie nutzen also nicht die Future-Märkte zur Absicherung (hedging) ihrer Unternehmungen, sondern aus rein spekulativen Gründen und übernehmen somit das Risiko, was andere Marktteilnehmer gerne abgeben. Bei dieser Gruppe handelt es sich meist um „futures commision merchants", „clearing houses", oder ausländische Broker.

Die Commercials

In den Rohstoffmärkten sind die "Commercials" entweder Produzenten (Goldminenbesitzer, Farmer) oder Konsumenten (Schmuckhersteller, Nahrungsmittelkonzerne) des jeweiligen Gutes. Sie nutzen hierbei die Futures-Märkte, um ihre Einkünfte festzuschreiben oder eventuelle Kostenrisiken auf andere Spekulanten abzuwälzen. Wer ein Commercial Futures kauft, um sich gegenüber Marktrisiken abzusichern, kauft im allgemeinen, weil er glaubt, damit zukünftige Produktionskosten zu seinem Vorteil abzusichern. So kann ein Viehzüchter Getreide-Futures kaufen, wenn dieser der Ansicht ist, dass sie für ihn einen günstigen Produktionsfaktor darstellen. Genauso gut kann ein Getreideproduzent Futures verkaufen, um sich einen günstigen Verkaufspreis für die nächste Ernte zu sichern. Luftfahrtgesellschaften können Öl-Futures kaufen, wenn sie der Ansicht sind, dass der momentane Preis für sie günstig ist, um so die Treibstoffkosten für ein Jahr festzuschreiben. In den Finanzmärkten können sich die Commercials (Portfoliomanager von Pensionskassen, Stiftungen, Fonds oder Versicherungsunternehmen) gegen einen möglichen Verfall der Aktienkurse absichern.

Die Small Traders (Kleinspekulanten)

Dies sind in aller Regel kleine Händler, deren Positionen nicht die Berichtsgrenze überschreiten.

Die „Net-trader-positions"

Wenn Sie nun jede Long Position von den Short Positionen abziehen, erhalten Sie die netto Positionen der Non-Commercials, Commercials und Small Traders. Die relativen Long- oder Short-Positionen der einzelnen Händlergruppen sind hierbei aber weniger aussagekräftig, als die jeweilige Netto-Position. Im historischen Vergleich kann so festgestellt werden, ob eine Händlergruppe ihre Netto-Long oder Netto-Short-Positionen **auf**- oder **abbaut**. Bei einem Trendwechsel der Positionierung können so wichtige **Wendepunkte** in vielen unterschiedlichen Märkten erkannt werden. Wie anfangs in diesem Kapitel schon beschrieben, sollten Sie ihre meiste Aufmerksamkeit den **Commercials** widmen. Unter diesen befindet sich eine Gruppe die ich als die „**wissenden Commercials**" bezeichne. Diese Commercials haben besonders enge Beziehungen zur „Finanzmafia", weil Sie entweder durch diese gesteuert werden oder mit ihr zusammen arbeiten. Kommt es also wieder einmal zu einem geplanten „Crash" der Edelmetalle, werden diese Commercials vorher gewarnt, um sich dann optimal positionieren zu können und dabei vom Niedergang des eigenen Produktes zu profitieren. Zudem können die Commercials, aufgrund ihrer Größe, den Markt selbst nachhaltig beeinflussen.

Interpretation

Bei der Analyse und Interpretation der verschiedenen Netto Positionen, muss auch berücksichtigt werden, dass die Wichtigkeit der einzelnen Nettopositionen von Markt zu Markt variiert. Zudem zeigen Analysen der Cot Daten, dass speziell die relativen (und nicht die absoluten) Nettopositionen, verglichen mit den **Historischen Maximum** und **Minimum** der Positionen, von Bedeutung ist. Im Silbermarkt waren die Commercials z.B. **noch nie Netto-long**. Trotzdem können Trendwenden, ganz einfach durch die Beobachtung des Auf oder Abbaus der Shortpositionen, erkannt werden. **Hinweis**: wenn Sie den Commercials folgen, werden Sie immer ein **antizyklisches** Kaufverhalten haben.

Punkt 3.

Setzen Sie anfangs **kleine Beträge**, deren Verluste Sie verkraften können. Dies ist eines der Schlüsselpunkte, um zu garantieren, dass Sie erfolgreich sein und nicht „arm" enden werden. Als ich anfing mit Optionen zu handeln, arbeitete ich parallel dazu noch bei einem großen internationalen Autoteilzulieferer und wohnte bei meinen Eltern. Ich sparte 1500€ jeden Monat. So kaufte ich also anfangs Optionsscheine für 150€ bis 300€ je Trade, mit einem Hebel von mindestens 25. Nachdem ich ein paar Tausend verdient hatte, investierte ich bis zu 1000€ pro Option! Ich setzte dieses Geld aber erst, nachdem ich es mir wirklich leisten konnte. Sie sollten mit **150€** bis **250€** beginnen – wenn Ihr Startkapital kleiner als 5000€ ist.

Punkt 4. Nutzen Sie die richtige Art von Option!

Es gibt **3** Arten von **Optionen**:

KO= Knockout –Produkte
OS= Optionsscheine (Warrants)
Mini-futures

Ich benutze meist immer Optionsscheine Warrants mit einer **festen Laufzeit** – und ich würde Ihnen raten, dasselbe zu tun. Knockouts und Optionsscheine sind fast identisch:

- Sie können wählen zwischen „**call**" oder „**put**"
- Sie können einen Basiswert (**Strike**) wählen – wenn dieser berührt ist – wird das Produkt wertlos
- Sie können wählen zwischen fester Laufzeit oder unlimitiert (**open-end**)
- Sie können zwischen verschiedenen Hebeln wählen

Doch eine Sache ist anders:

Ein Beispiel: ich kaufe eine Call Option (Warrant) für Silber mit einem Strike (underlying) von 18€ und einer Laufzeit von 3 Monaten. Der Hebel dieses Produktes ist 54. Das heißt: wenn der Silberpreis um 1% steigt, steigt gleichzeitig mein Produkt um 54% (1x54). Ich habe also die nächsten 3 Monate die Gelegenheit dieses Produkt zu verkaufen, **wann immer** es profitabel genug für mich ist – **jederzeit**! Am wichtigsten ist aber: wenn während dieses Zeitraumes (Laufzeit) mein Produkt, sprich der Silberpreis **unter den Basiswert** von 18€ fallen sollte, wäre mein Produkt immer noch nicht wertlos, da wenn sich der Preis erholen würde und somit wieder drastisch über den genannten Basiswert stiege, mein Produkt wieder Gewinne erwirtschaften könnte – jedes andere **Knockout Produkt** ohne Laufzeit (**open-end**), wäre in so einem Szenario **ausgeknockt** – sprich **wertlos** geworden. Dies ist der feine Unterschied, warum ich Optionsscheine mit einer **festen Laufzeit** bevorzuge. Zudem haben diese Produkte (**mit fester Laufzeit**) in den meisten Fällen den größeren Hebel – obwohl sie im Endeffekt sogar weniger riskant sind (da sie nicht den **Bullen** und **Bärenfallen** ausgesetzt sind!).

5. Streuen!

Streuen ist wohl mit das wichtigste – egal ob bei Optionen, Aktien – oder Immobilien. Die Diversifikationsmethode (Streuung) im „Optionssektor" ist etwas „komplizierter" – als nur beispielsweise in mehre Aktien zu streuen:

1. Suchen Sie sich eine Anlageklasse (Sektor) aus

2. Nehmen Sie die entsprechende Recherche vor – ob „short" oder „long"

3. Wählen Sie verschiedene Optionen (Warrants) nach:

- Datum
- Hebel
- Strike (underlying-Knockout)
- Bank (Emittent)

In meinem Börsenbrief (www.goldfinger-report.com) empfehlen mein Bruder (Optionshändler) und ich unsere Kaufempfehlungen genau nach diesen Kriterien. Dadurch erzielen wir eine unglaubliche Performance, die ihres Gleichen sucht!

Zudem sollten Sie auch immer die andere Seite „hedgen". Ein Beispiel: Die Commercials sind sehr stark auf der Longseite und Sie kaufen aufgrund dessen mehrere Call Optionen – Sie sollten jetzt auch – für den Fall das der Preis doch einbräche – eine Put Option kaufen. So würden Sie im Falle einer totalen Fehleinschätzung Ihr Geld wieder reinholen können. Durch diese Taktik haben Sie so gut wie keine Risiken mehr.

6. Reinvestieren

Wenn Sie mit den Summen anfangen, die ich empfohlen habe (150-300€) und den genannten Vorgehensweisen folgen, dann werden Sie sich nach einigen Monaten mit ein „paar" tausend Euro mehr in der Tasche wiederfinden. Wenn Sie also auf diese Stufe gelangen, dann wissen Sie:

- Sie machen die meisten Sachen richtig
- Sie können nun größere Summen investieren

Es hängt alles davon ab, wie viel Geld Sie zu diesem Zeitpunkt gemacht haben, aber auf der nächsten Stufe verfahren Sie weiter mit derselben Strategie – nur das Sie jetzt **500-1000€** pro Option setzen. Nun, mit diesen Einsätzen sind wirklich Extremgewinne möglich. Natürlich sollten Sie auch diese Gewinne teilweise wieder investieren und dabei die Einsätze leicht erhöhen. **Wichtig:** Legen Sie dabei aber immer einen großen Teil Ihrer Gewinne zur Seite!

7. Dies verehrter Leser, ist die Straße zur finanziellen Unabhängigkeit!

Wenn Ihnen all diese Schritte zu kompliziert erscheinen und Sie nicht die Zeit oder das Verlangen haben – nach all diese Regeln zu handeln, können Sie trotzdem Ihr Geld mit Optionen verdienen. Und dies sogar kinderleicht. Abonnieren Sie einfach meinen internationalen Börsenbrief den **Goldfinger Report**™ unter: **www.goldfinger-report.com**. Hier erhalten Sie übersichtliche Kaufempfehlungen, unter anderem auch Optionsscheine – die nach denselben Kriterien wie in diesem Kapitel – ausgesucht werden und ein riesiges Kurspotenzial besitzen. (Eigenwerbung sei an dieser Stelle nochmals erlaubt).

7.4. Wie Sie täglich 100€ und mehr im Dax erzielen

In einem meiner Kapitel schrieb ich über die 3 Arten der Investoren. Zudem beschrieb ich mich selber als Langzeit Investor (longterm trader) und sagte aber gleichzeitig ich sei auch ein Daytrader. In diesem Abschnitt meines Buches, werde ich Ihnen zeigen wie Sie mit nur 4 trades am Tag 100€ und mehr verdienen können. Sie können auch sehr viel mehr Geld mit dieser Taktik machen – doch dies hängt auch immer mit Ihren Einsätzen zusammen.

Nun zur Strategie:

Wir werden hierzu den **DAX® 30 (WKN:846900)** mithilfe von Optionen (Warrants) handeln. Nachdem Sie ja nun schon fast alles über Optionen wissen, werde ich Ihnen einen simplen Trick zeigen, der Ihnen jeden Tag Geld einbringen kann. Der deutsche Dax hat einen immer wiederkehrenden Tageszyklus. Was meine ich damit? Wenn der Dax morgens an den deutschen Börsen eröffnet (8.00 Uhr morgens) – dann fallen die Punkte des Dax meist bis zum Mittag. Dies ist zurückzuführen auf die geringere Liquidität im Markt während dieser Zeitspanne. Und das hat auch einen ganz einfachen Grund: Die großen amerikanischen Investorengelder (internationale Investoren und „trading houses") gehen meist erst während der zweiten Tageshälfte in den deutschen Markt (ab. 13 Uhr), aufgrund der verschiedenen Zeitzonen (Amerika - Deutschland). Dies bedeutet, dass in der zweiten Tageshälfte mehr Liquidität im Markt ist und dafür natürlich die Punkte des Dax auch steigen! Speziell zwischen 13.00 Uhr und 18.00 Uhr. In dieser Phase sind die Handelsaktivitäten am größten. Durch diese einfache Beobachtung können Sie maximalen Profit schlagen und ich werde Ihnen genau erklären wie – aber als erstes:

Hinweis: Wenn Sie Produkte im Dax kaufen (long gehen) wollen (Aktien, Optionen, Index), dann kaufen Sie von 9 Uhr bis 11 Uhr.

Nun zu meiner eigentlichen Strategie:

1. Wählen Sie eine **Call Option** (Warrant) mit einer langen Laufzeit (**mindestens noch 3 Monate**) auf den Dax – und kaufen Sie diese von **9.00 Uhr bis 11.00 Uhr.**
2. Verkaufen Sie diese Call Option, während der zweiten Tageshälfte mit **einem Profit (von 13 Uhr bis 19 Uhr)**.
3. Kaufen Sie eine neue Put Option mit einer langen Restlaufzeit (**mind. 3 Monate**) während dieser Zeitspanne (**13 Uhr bis 19 Uhr**).
4. Verkaufen Sie diese Put Option für einen Profit am nächsten Morgen, während des „immer" wiederkehrenden Tief.

Nun kaufen Sie wieder Ihre Call Option von Schritt 1. zurück – und Sie ahnen es schon – verkaufen diese für einen Profit während der zweiten Tageshälfte – und nun kaufen Sie wieder Ihre Put Option „zurück" und verkaufen diese für einen Profit am nächsten Morgen. Dieses Ritual wiederholen Sie immer und immer wieder. Ich würde hierfür ein Startkapital von 350-700€ empfehlen. Wenn Sie Ihr Portfolio auf mind. **10.000€** vergrößern konnten, dann setzen Sie **1000€** pro Option. Die Gründe, warum Sie hierfür immer Optionen mit einer „langen" Restlaufzeit verwenden sollten, sind folgende:

- weniger Risiko
- Sie können diese Optionen über längere Zeit handeln
- Sie sparen dadurch enorm viel Zeit, da Sie nicht jedes Mal neue Optionen suchen müssen

<u>Hinweis</u>: diese Strategie setzt das handeln mit einem **Onlinebroker** voraus – andernfalls „fressen" die Orderkosten Ihre Gewinne auf. Diese Handelsstrategie erscheint viel zu einfach – aber ich garantiere Ihnen, wenn Sie erst einmal das richtige „Feeling" für den Markt entwickelt haben und die richtigen Optionen dazu wählen, dann können Sie Tausende Euros mithilfe dieser einfachen Strategie erzielen und damit sogar Ihren Lebensunterhalt verdienen.

<u>Wichtig</u>: Der beschriebene Tageszyklus des DAX erscheint nicht jeden Tag – das heißt manchmal fällt oder steigt der Dax über längere Zeit (also Tage oder Wochen) ohne nennenswerte Gegenbewegungen. Für diesen Fall haben Sie Optionsscheine mit einer längeren Laufzeit, um derartige Szenarien (die eher selten sind) aussitzen zu können – und letztendlich

wieder im „Geld" zu sein und für einen Profit verkaufen zu können.

Dies ist der Grund, warum der Kauf einer Option mit langer Restlaufzeit so wichtig ist!

7.5. Meine Strategie mit den Cot-Daten

Wie ich in einem Abschnitt dieses Buches schon erklärte, erscheint der Cot-Report (commitments of traders) jeden Freitag um 3.30 P.M (US) – an manchen Tagen auch erst am folgenden Montag.

Nun, ich machte nach einiger Zeit eine erstaunliche Entdeckung über die Commercials im Gold und Silber Sektor: in den letzten Jahrzehnten waren die Commercials nahezu ausnahmslos richtig positioniert – bevor es zu wirklich großen Trendwenden kam. Ob es ein Bullen oder Bärenmarkt war, die Commercials fuhren immer ihre Gewinne ein. Warum waren aber diese Positionierungen so unheimlich präzise – verglichen mit denen der Commercials anderer Anlageklassen?! Ich kam zu folgender Schlussfolgerung:

Wie Sie ja schon wissen, sind nur Gold und Silber echtes Geld und aufgrund dessen die größten Totfeinde des Papiergeldsystems. Die heutigen Preise dieser beiden Edelmetalle spiegeln ihren wahren Wert in keinster Weise wieder. Sie werden durch den Terminmarkt so sehr manipuliert, dass jeder selbst denkende Mensch und dazu zähle ich auch die Commercials – jede Unze kaufen müsste, die ihm zwischen die Finger kommt. Dadurch würde aber das Papiergeldsystem kollabieren. Warum aber handeln beispielsweise die Commercials nicht so?! Wäre es möglich das sie einen geheimen Pakt mit dem „Teufel" a.k.a den Bankstern haben?! Einen Pakt, in dem sie immer frühzeitig gewarnt werden – bevor wieder eine neue große Manipulation durch den Derivatenmarkt ansteht – sodass sie sich rechtzeitig positionieren könnten?! Speziell wenn eine Preismanipulation nach unten geplant wäre, würden die Commercials nicht nur ihre Bestände absichern – nein sie würden sogar riesige Umsätze generieren! Und die Banker? Tja, die wären doch auch froh – dass die Commercials sich an die „Regeln" halten und das Bankenkartell weiter sein wertloses „Fiat Money" in die Märkte pumpen kann – ohne eine echte Bedrohung ihres Geldmonopoles, durch beispielsweise Gold und Silber zu haben. Also eine „Win – Win" Situation für beide Parteien – nur nicht für den „Ottonormalbürger" – der zahlt am Ende die Zeche für die großen Geldblasen!

Jemand möge mich als „Verschwörungstheoretiker" bezeichnen - ich denke ich kann damit leben.

Also, um an den signifikanten Preisbewegungen von Gold und Silber zu profitieren – schauen Sie sich immer die Positionierungen der Commercials an (**www.goldseiten.de**). Hier klicken Sie auf Kurse – oben in der Leiste und dann auf Cot – Daten. Jeden Freitag (**21.15Uhr**) werden Sie hier die Positionierungen der Commercials in zwei sehr übersichtlichen Charts vorfinden. Wenn hieraus also ein bedeutender Auf oder Abbau der Kontrakte erkennbar ist – dann wissen Sie was zu tun ist. Diese „einfache" Strategie kann Ihnen sehr viel Geld einbringen!

Dann gehen Sie auf eine Finanzplattform wie beispielsweise (**www.finanzen.net**) und gehen dann auf die Rohstoffe Gold und Silber. Hier können Sie sich dann passende Produkte OS (Optionsscheine) mit einer entsprechenden Laufzeit und Hebel heraussuchen, mit denen Sie aufgrund der Cot-Daten - Long oder Short gehen können. Halten Sie sich hierbei an die Grundsätze und Regeln im Umgang mit Optionen, die ich Ihnen im Abschnitt „**Wie handelt man Optionen**" beigebracht habe. Nun sollte Ihrer Kariere als „Optionsspezi" nichts mehr im Wege stehen. Das restliche und auch notwendige Marktverständnis („Feeling") kommt dann nach einigen Jahren von ganz alleine.

7.6. Meine Strategie für Minenaktien

Auch hier ist die Devise – je einfacher desto besser! Ich habe mich wie schon so oft erwähnt, auf den Gold- und Silbermarkt spezialisiert. Das heißt: **Gold- und Silberminenaktien** für die **Generierung von Geld** und **Gold und Silber physisch** für dessen **Kapitalschutz**.

Warum Gold und Silberminenaktien?

Wie Sie schon in einigen Abschnitten dieses Buches wiederholt lesen konnten, befinden sich unsere Papiergeldwährungen in einer riesigen Blase – die eines Tages platzen wird. Auf dem Weg zu diesem Szenario – werden wir hohe Preissteigerungen erleben, speziell für Sachwerte und andere Rohstoffe. Während dieser Zeit können Sie Ihr wertloses „fiat money" in so riesigen Summen - durch die sogenannten „**10 Bagger**" im Minensektor vervielfachen, sodass Sie diese ganze „Inflationspolitik" als eine richtige Chance wahrnehmen werden, um finanziell unabhängig zu werden. Auf der anderen Seite, werden die großen Blasen an den internationalen Aktien und Bondsmärkten platzen – mit den richtigen antizyklischen Bärenmarktspekulationen, können auch hier extrem Gewinne erzielt werden.

Was sind also „10 bagger"?

Ein „10 Bagger" ist ein Investment, das sich im Wert **mindestens verzehnfacht**. Nun, es gibt 10,20,30,40er- „baggers" – die sich wirklich um diese Zahlen vervielfachen!

Nachdem ich eine Untersuchung an den sogenannten „10 bagger" angestellt habe, machte ich eine erstaunliche Entdeckung! Die häufigsten und zudem **bestvorhersagbarsten** „10 bagger" waren im **Minensektor** zu finden! Speziell im Explorer –Sektor. Hier können Sie einzelne Titel für nur Cent Beträge kaufen, z.b. Unternehmen für nur 0,02€ pro Aktie – die Chancen das diese Aktien, die 1€ Marke durchbrechen, sind wesentlich höher (wenn Sie mit dem „goldenen Kreislauf" kaufen!), als wenn Sie Ihr Geld in irgendwelche „Start-Ups" oder andere überbewertete Tech-Aktien investieren, von denen niemand weiß ob sie erfolgreich sein werden oder nicht. Natürlich gibt es auch hohe Risiken im Explorer-Sektor. Es kommt beispielsweise häufiger vor, dass diese Firmen keinen weiteren Cashflow sprich Investorengelder mehr haben, die Firmen lange Baissen nicht durchhalten oder sich einfach von einem schlechten Management geführt werden und sie deshalb irgendwann schließen müssen. Das könnte Sie Ihr ganzes Geld kosten. Doch selbst für dieses „Problem" fand ich eine Lösung. Hier ist ein kleiner Überblick meiner Strategie:

1. Ich realisierte, das die Minen mit den **höchsten Produktionskosten**, auch diejenigen sind, mit den **höchsten Kursanstiegen** (wenn die Edelmetalle steigen).
2. Wenn Sie Ihr Geld in **mindestens ein halbes duzend** von diesen Aktien investieren, sind die Chancen einen „10 bagger" zu erwischen ziemlich hoch (insbesondere, wenn Sie die Unternehmen nach meinen Kriterien auswählen).

3. Das heißt zum Beispiel – Wenn Sie 6 Minen kaufen und selbst 5 von diesen „pleite" gehen würden, hätten Sie immer noch einen großen Profit gemacht, wenn es sich bei der „sechsten" um einen 10 bagger handeln würde und Sie den gleichen Betrag in jede dieser Unternehmen investiert hätten.

Und in den nächsten Jahren werden wir den größten Bullenmarkt für Gold und Silber in der Geschichte der Menschheit, erleben.

Zusammenfassung: behalten Sie im Hinterkopf, die Broker an der Wallstreet und ihre Mainstream Medien wollen Ihnen immer nur dieselben alten großen Titel im Dow, Dax &Co. andrehen. Mit dieser Art von Aktien werden Sie niemals reich! Es ist einfach nicht möglich, da hier die maximalen Kursteigerungen viel zu klein sind. Wie ich schon oft erwähnte – diese Aktien sind nur für Cashflow Investoren interessant. Ausschließlich!

Im Minensektor dagegen, können Sie „10 bagger" nicht einfach nur durch „Glück", sondern durch gute Recherche, Timing und der richtigen Strategie, heraussuchen. Sie müssen nur rechtzeitig die großen Trendwenden (Bullenmärkte) erkennen, antizyklisch handeln und die richtigen Strategien verwenden wie:

- streuen Sie Ihre Aktien (kaufen Sie mindesten ein halbes Duzend)

- kaufen Sie die Minen mit den höchsten Produktionskosten (diese werden die größten Kursgewinne erzielen)
- mit großen Ressourcen
- in einer politisch stabilen Lage
- halten Sie Ihre Aktien – und verkaufen Sie am Hoch, wenn „alle" reinwollen und das war's!

Einen „10 bagger" zu erwischen ohne solch eine Strategie ist purer Wahnsinn und wird Sie zudem sehr arm machen!

7.7. DIE GELDKARTE

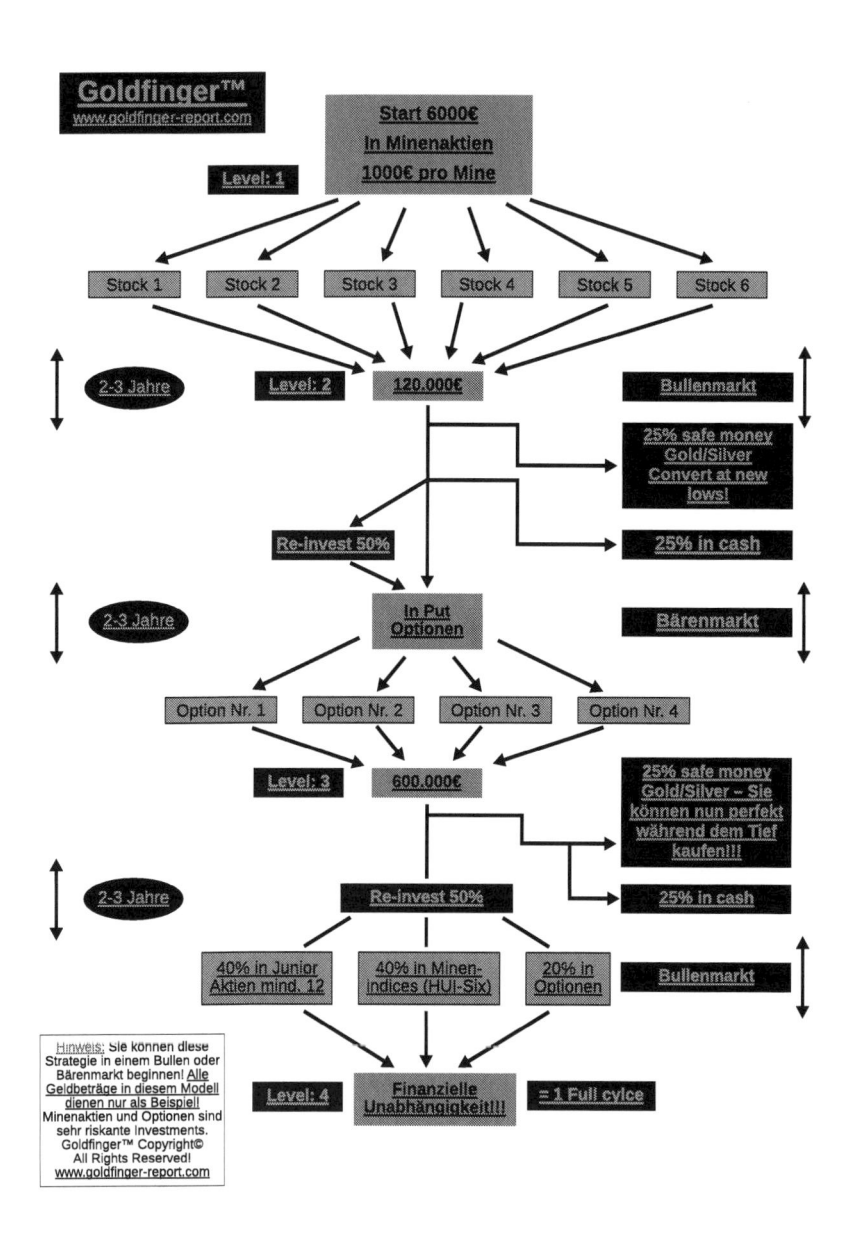

Goldfinger™
www.goldfinger-report.com

Level: 1

Start 6000€
In Minenaktien
1000€ pro Mine

- Stock 1
- Stock 2
- Stock 3
- Stock 4
- Stock 5
- Stock 6

2-3 Jahre

Level: 2 — **120.000€** — **Bullenmarkt**

- 25% safe money Gold/Silver Convert at new lows!
- Re-invest 50%
- 25% in cash

In Put Optionen

2-3 Jahre — **Bärenmarkt**

- Option Nr. 1
- Option Nr. 2
- Option Nr. 3
- Option Nr. 4

Level: 3 — **600.000€**

- 25% safe money Gold/Silver – Sie können nun perfekt während dem Tief kaufen!!!
- Re-invest 50%
- 25% in cash

2-3 Jahre

- 40% in Junior Aktien mind. 12
- 40% in Minen-Indices (HUI-Six)
- 20% in Optionen
- **Bullenmarkt**

Level: 4 — **Finanzielle Unabhängigkeit!!!** = 1 Full cylce

Hinweis: Sie können diese Strategie in einem Bullen oder Bärenmarkt beginnen! Alle Geldbeträge in diesem Modell dienen nur als Beispiel! Minenaktien und Optionen sind sehr riskante Investments.
Goldfinger™ Copyright©
All Rights Reserved!
www.goldfinger-report.com

Kapitel VIII. WIE MAN FINANZIELL UNABHÄNGIG WIRD

8.1. DIE 3 KOMPONENTEN FINANZIELLER UNABHÄNGIGKEIT

Finanzielle Unabhängigkeit setzt sich aus **3 Komponenten** in der folgenden Reihenfolge zusammen:

1. aktives Einkommen
2. Investmentgewinne
3. passives Einkommen

Warum diese Reihenfolge?

Nun, ich denke die meisten Menschen – und auch Sie – beginnen immer mit einem aktiven Einkommen, denn für Investments und passives Einkommen brauchen Sie „ein wenig" Geld.

Wenn Sie also ein aktives Einkommen durch beispielsweise Ihren Job erzielen, dann ist es Ihr „Job" so viel Geld wie möglich zu sparen, für den nächsten Schritt!

Die Investments!

Ein Mensch kann sein Leben lang arbeiten, aber bis zur Rente immer noch nicht finanziell unabhängig sein. In Wahrheit trifft das auf über 90% der arbeitenden Bevölkerung zu. Dies hat verschiedene Gründe wie Inflation, Krisen am Aktienmarkt oder aber Enteignungen durch den Staat. Zudem verdienen die meisten Menschen einfach viel zu wenig!

Sein Leben lang in einem „9 to 5 Job" (Angestelltenverhältnis) zu fristen, wird Sie niemals finanziell unabhängig machen. Und seien wir ehrlich: Was soll das für ein Leben sein, wenn Sie noch anfangs frisch, jung und dynamisch sind – vielleicht auch schon ein wunderschönes Familienleben haben, Sie aber dazu gezwungen sind – jeden Tag für mehr als 8 Stunden aus dem Hause zu sein, um dann wieder genervt und entkräftet zu Ihrer Familie zurückzukommen, um sich schon den nächsten Freitag herbeizuwünschen und dem Ziel, dass Leben nach 65 endlich beginnen zu können!? Ich denke dies ist eines der schlechtesten Wege sein Leben zu leben!

Die traurige Wahrheit ist aber, dass die meisten Menschen (90%) solch ein „Leben" haben und dieses noch nicht einmal hinterfragen! Das ist ziemlich bedauerlich. Doch lassen Sie uns bei der Sache bleiben:

- Sie sparen als erstes so viel Geld wie möglich, in Ihrem regulären Job. Die meisten Menschen sagen aber dann: „Ich kann grad mal meine Rechnungen zahlen" – nun dies ist grundsätzlich falsch und auch wenn Sie folgendes Statement nicht gerne hören werden – **es ist ihre Schuld**, wenn Sie „grad mal" Ihre Rechnungen bezahlen können!!! Bitte, ich empfehle Ihnen, reduzieren Sie Ihre Lebensunterhaltungskosten so weit wie es Ihnen nur möglich ist. In einigen Fällen werden Sie dazu gezwungen sein, Ihren Lebensstil drastisch zu verändern (wie z.b. Einkaufsverhalten, Essen gehen, Neuwagen, Konsumschulden, in einer zu teuren Immobilie leben), all diese Verhaltensweisen sorgen dafür, dass Sie im Hamsterrad gefangen bleiben! **Ändern Sie dieses Verhalten!** Ab heute! Das heißt nicht, dass Sie Ihr ganzen Leben lang auf Sachen verzichten müssen, nein ganz im Gegenteil – Sie stecken erst zurück, aber dies tun Sie für ein großes Ziel – genannt finanzielle Unabhängigkeit. Sie müssen zuerst Geld sparen. Auch ich musste dies tun. Und glauben Sie mir, ich habe es gehasst zur Arbeit zu gehen, nur um ein paar „bunte Scheinchen" am Ende des Monats zu erhalten.

Nun lassen Sie uns zum zweiten Schritt kommen – **den Investments**. Für diesen Schritt benötigen Sie mindestens ein paar tausend Euro. Das beste Startkapital, meiner Erfahrungen nach, ist ein Betrag von etwa 10.000€. Sie müssen nämlich immer im Hinterkopf behalten, dass diese Summe nochmals geteilt werden muss, um die Risiken zu minimieren und gleichzeitig die Gewinnchancen zu steigern. Sie investieren nie Ihr ganzes Geld in nur eine Aktie, Option usw. – dies wäre einer der größten Fehler, den Sie an der Börse überhaupt machen könnten. Es gibt da dieses Sprichwort unter Anlegern – lege niemals alle Eier in dasselbe Nest! Und dies ist eines der Sprichwörter, die bis heute gelten!

Mit den richtigen Investmentstrategien wird es Ihnen möglich sein, in nur kurzer Zeit – riesige Summen zu erwirtschaften. Um gute Investments zu machen, brauchen Sie gute Informationen! Und wie Sie nun schon wissen, der „Ottonormalbürger" kommt nicht an diese heran. Alle Medien sind Interessengesteuert! Nur leider sind es nicht Ihre Interessen! Erwarten Sie also nicht, dass Ihnen die „Experten", „Ökonomen", „Wirtschaftszeitungen", eine Hilfe sein werden auf dem Weg zu Ihrer persönlichen finanziellen Unabhängigkeit. Das Gegenteil ist der Fall! Ich habe diese Mechanismen aber schon ausführlich in diesem Buch erklärt – lassen Sie uns also weitermachen. Ich würde Ihnen empfehlen – machen Sie Ihr erstes Investment in eine gute Informationsquelle. Für Investments an der Börse bedeutet dies – ein guter, unabhängiger Börsenbrief! Nun es gibt einige gute Börsenbriefe „da draußen" – nur leider aber auch viele schwarze Schafe die mit großen Versprechungen locken, dann aber nur hochriskante, Interessengesteuerte oder gar schlechte Empfehlungen mit Totalverlusten als Folge, geben. Auch die „konservativen" Börsenbriefe vieler „Ökonomen" oder Fachzeitschriften sind nicht zu empfehlen. Diese fallen von ihren Kaufempfehlungen her, total in das Muster der naiven Kleinanleger und begehen somit dieselben Fehler – welche ich in diesem Buch ausführlich beschrieben habe (Stop order setzten, bloß „kein Risiko, handeln mit der Masse usw.) Lassen Sie sich also auch hier nicht von Herren, die häufig im Fernsehen auftauchen, täuschen. Sie haben zwar nichts „Böses" im Sinn, sind aber mindestens so „inkompetent" wie der sich fragende Leser! Warum also für so etwas bezahlen?! Nein, „Risiko" ist immer dabei und wer Risiko immer vermeiden will an der Börse, der schafft damit Risiko! An der Börse sowie im Leben, gibt es keine 100% Sicherheit! Wer das akzeptieren kann, der wird ein guter Börsianer! Ich erwähnte anfangs, dass es auch gute Börsenbriefe gäbe – ja die gibt es (größtenteils immer noch mehr in den USA), diese kosten aber leider auch über 2000€ im Jahr. Anfänger werden so meist schon wieder abgeschreckt, bevor sie überhaupt angefangen haben. Das ist eine Zwickmühle. Ich kann diese Reaktionen nachvollziehen – so gründete ich also meinen eigenen internationalen Börsenbrief für **999€** im Jahr, um auch dem „Durschnittbürger" eine Dienstleistung bieten zu können, finanziell unabhängig zu werden! (**www.goldfinger-report.com**)

Ich würde Ihnen empfehlen, auch wenn Sie nicht meinen Börsenbrief abonnieren – dann suchen Sie sich einen anderen geeigneten Börsenbrief. Glauben Sie mir, Sie brauchen diese Informationen, denn die meisten Menschen haben keine Zeit (sie arbeiten den ganzen Tag), um die nötigen Recherchen und Analysen zu betreiben und die dazugehörigen Strategien zu bilden. Überspringen Sie also nicht diesen ersten Schritt. Es könnte sonst noch wesentlich teurer für Sie werden als die höchsten Börsenbriefpreise! Nutzen Sie **einen** Börsenbrief! Einen **unabhängigen**! Folgen Sie niemals den Bankprognosen und deren Analystenhäuser – dies ist alles interessengesteuert durch die Hochfinanz!

Schritt 3.

Wenn Sie erfolgreich genug waren mit Ihren Investmentstrategien, können Sie mit der dritten Strategie beginnen. Dem passiven Einkommen! Nun, dies ist das eigentliche Hauptziel! Wenn Sie gespartes Geld durch Investments vervielfacht haben, dann werden Sie eine große Summe „freien Geldes" besitzen. Dieses Geld wird Ihnen aber nicht viel nützen, wenn es nur herumliegt und Sie es den ganzen Tag lang ausgeben. Dann werden Sie schneller zurück im Hamsterrad sein, als Sie es sich vorstellen können. Dieser folgende Schritt ist der wichtigste um ein freies, glückliches und teures Leben führen zu können und das Geheimnis aller reichen Menschen! Sie alle haben viele Ströme von passiven Einkommen. So können sie ihren Lebensstandard unterhalten (ohne dafür zu arbeiten) und verlieren dabei keinen einzigen Cent ihres Reichtums – welchen sie sich anfangs erarbeitet hatten. Sie werden sogar immer noch reicher. Nun, auf diesem Level sind Sie der Gewinner des „Geldspieles". Aber was sind gute passive Einkommensquellen und wie stelle ich sie her?

Hier sind die wichtigsten im Überblick:

- kaufen Sie Immobilien (seien Sie dabei vorsichtig in welcher Region – wenn Sie innerhalb der EU leben – kaufen Sie dort keine Häuser aufgrund des ESM!) - ich werde in meinem nächsten Buch mehr auf die Gesetzeslage eingehen -

- kaufen Sie gute Aktien von großen Unternehmen, die eine lange solide Historie aufweisen und Sie sicher sein können das diese auch in den nächsten 50 bis 100 Jahren Geld verdienen werden (Beispiel Daimler, BMW, Apple, Google). Diese Unternehmen werden Ihnen eine jährliche Dividende bezahlen (Passives Einkommen). Diese Strategie ist aber nur bei großen Einsätzen lohnenswert – dies ist auch der Grund warum der Aufbau des passiven Einkommens zum letzten Schritt auf der „Leiter" gehört.
- kurzfristige Kapitalgewinngeschäfte, die Sie auf die letzte Stufe gebracht haben, können Sie fortfahren. Dies ist auch eine Art von passiven Einkommen. Investieren Sie hierbei aber nur 15% Ihres Portfolios, wenn Sie Multi-Millionär geworden sind!
- kaufen Sie fruchtbare Ackerböden (Farmland), denn Menschen werden immer essen, so werden Sie also auch immer Firmen und Farmer haben – die Ihr Land nutzen möchten. Ich persönliche investiere gerade in „organic farmland" in Südamerika, wie z.B. Chile.

Der letzte wichtige Schritt – sparen Sie immer 50% Ihres Reichtums in Gold und Silber, um sich gegen alle Krisen, Inflationen und Revolutionen abzusichern, sodass auch Ihre nachkommenden Generationen an Ihrem Reichtum teilhaben können. Seien Sie aber ein guter Lehrer zu ihnen, andernfalls werden Ihre Nachkommen wieder arm enden!

8.2. WIE SIE EINE BEDEUTSAME „GELD KUH" AUFBAUEN

Nachdem ich Ihnen alle Instrumente und Strategien vorgestellt habe, um riesige Summen an Geld zu machen – brauchen Sie nun die richtige „Kuh" zum füttern.

Was ist also so eine „Kuh" – „**Cashcow**"?

Eine „**Cashcow**" ist ein Investment – in das Sie nur einmal investieren und dadurch Gelderträge in **regelmäßigen Abständen** für mindestens mehrere Jahrzehnte „zurückbekommen".

Die besten Cashcows sind:

1. Immobilien
2. Ackerland (Farmland)
3. Aktien

1. Immobilien

Immobilien sind eines der besten Sachanlagen für die Generierung eines passiven Geldflusses. Doch heutzutage haben wir leider riesige Blasenformationen in diesem Sektor – speziell in den westlichen Ländern (**USA, Europa, Australien**), da die Großinvestoren versuchen, der schleichenden Enteignung durch die Inflation zu entkommen, welche die Blasen in erster Linie verursacht hat.

Ich würde also erst wieder in den westlichen Ländern – nach dem großen „Crash" und der damit einhergehenden Währungsreform mit Schuldenschnitt, investieren. Was in den nächsten 5 bis 10 Jahren passieren sollte (**2020-2025**). Ich persönlich kaufe gerade Immobilien in Asien/Thailand. Und das aus den folgenden Gründen:

- Günstiges Anschaffungs /Gewinn Verhältnis
- Wachsende Wirtschaft
- Wachsende Nachfrage von benachbarten Ländern wie Russland und China (Tourismus)
- Thailand liegt außerhalb der Kriegszone (**3.Weltkrieg**) – ich werde in meinem neuen Buch näher in die Details gehen „Das Leben eines Insiders".

Natürlich gibt es auch Nachteile und Schwierigkeiten bei Investitionen in Thailand – wie beispielsweise bei der rechtlichen Lage von Grundbesitz für Ausländer usw. – aber auch hier habe ich Wege und Lösungen gefunden, die ich ebenfalls in meinem neuen Buch darstellen werde – (ich möchte Sie nicht weiter mit „Paragraphen" belasten und dieses Buch so kurz wie möglich halten). Wenn Sie aber ein totaler „Anfänger" in der großen Welt des Investierens sind, sollten Sie Ihren Hauptfokus auf die Börse und die dazugehörigen Strategien, (welche ich ihnen in diesem Buch präsentiert habe), fokussieren. Investments in Immobilien sollten meiner Meinung nach erst vorgenommen werden, wenn man mind. 1 Million€ frei zur Verfügung hat (sprich Millionär ist). Andernfalls könnten solche Investments ziemlich gefährlich werden. Und das bringt uns zum letzten Punkt dieses Buches:

8.3. So investiert man in Immobilien/Ackerland/Aktien!

1. Immobilien

1. Lage – Lage – Lage!

Dies ist der Schlüssel, welcher entscheidet ob Sie eine langanhaltende Rendite erwirtschaften können oder nicht!

Lage bedeutet:

- Arbeitsmarktsituation – wie ist die Wirtschaft in der jeweiligen Umgebung
- oder handelt es sich um eine Gegend, in der sich die „Faulen und Reichen" aufhalten?!
- was ist mit Naturkatastrophen?!
- wie sieht es mit Tourismus aus?
- liegt das Objekt in einer nachbarschaftsfreundlichen Gegend?
- wenn Sie in anderen Ländern investieren wollen, dann stellen Sie sich dieselben eben genannten Fragen + wie sieht es mit der Regierungsstruktur des jeweiligen Landes aus? Könnte ein Staatseingriff möglich sein?
- und die wichtigste Frage am Schluss: würden Sie gerne dort leben?

Wenn Sie all diese Fragen mit einem klaren „Ja" beantworten können, dann wird dieses Investment immer eine gute Wahl sein!

2. Ackerland

- kaufen Sie dort Land, wo mit wirtschaftlichen Wachstum zu rechnen ist
- dieser Sektor wirklich gefördert wird
- die Bauern stark subventioniert werden
- die Erde ziemlich fruchtbar ist
- ein günstiges Klima vorherrscht (lange Erntezeiten)
- Kaufen Sie außerhalb der EU (Währungsreform)

Ich persönlich investiere gerade in **Chile** und **Paraguay** – wenn Sie kein Spanisch sprechen und auch sonst neu in diesem Sektor sind, holen Sie sich professionelle Hilfe durch Firmen die sich auf Ausländische Investoren spezialisiert haben. Diese finden Sie im Internet.

Das Investieren in Farmland wird Ihnen nicht nur regelmäßige (passive) Einkünfte garantieren, Sie werden zudem auch ziemlich hohe Kapitalgewinne mit dieser Sachanlage erzielen können, aufgrund der hohen Nachfrage – die in der Zukunft noch sehr viel stärker ansteigen wird. Und zu guter Letzt: Menschen essen immer! Also werden Sie auch immer Geld machen!

3. Aktien

Kaufen Sie große Unternehmen die:

- ein gutes Management haben
- gute Produkte oder Dienstleistungen anbieten

- eine gute (regelmäßige) Dividende bezahlen
- die nächsten „100 Jahre" noch existieren werden (Mercedes-Benz/Daimler/Apple/BMW/Coca Cola)
- die größten auf ihrem Gebiet sind

Ein weiterer wichtiger Punkt ist Diversifikation:

- auch hier halten Sie nach den „Größten" ihrer Branche Ausschau.
- sie müssen alle eine gute Dividende zahlen.
- schauen Sie immer auf den „wahren" Wert der Aktie (der zu erwartende Cashflow – gemessen mit dem „Anschaffungspreis").
- kaufen Sie große Anteile von Aktien wenn „Blut in den Straßen fließt". Mit anderen Worten, wenn Krisen vorherrschen und die Unternehmen total unterbewertet sind (2008-2009).
- es ist wirklich so einfach!

Mit diesen **3** Instrumenten (Immobilien/Farmland/Aktien) + Gold und Silber physisch, können Sie jede Krise überstehen – Sie werden darüber hinaus immer im Geld „schwimmen", denn diese **3** Anlagen werden alles für Sie bezahlen.

SCHLUSSWORT

Wenn Sie endlich finanziell unabhängig geworden sind – und das werden Sie – dann setzten Sie sich ein hohes moralisches und ethisches Ziel. Etwas das über Geld steht, vielleicht aber nur mithilfe von Geld erreicht werden kann. Denn mit so einer Lebensphilosophie fallen Sie nicht in tiefe Depressionen, wie es viele neureiche Menschen tun. Warum? Bitte stellen Sie sich doch einmal vor, wenn Sie jedes Auto haben können, all die Frauen oder das „gute" Essen oder die Kleidung oder was auch immer Sie begehren, werden Sie trotz alldem – eine innere „Leere" verspüren. Diese Leere kommt von der Sinnlosigkeit Ihres Lebens. Natürlich befriedigen uns all diese genannten Sachen – aber eben immer nur temporär, denn ganz tief in Ihnen drin – suchen Sie immer nach einer tieferen Bedeutung des Lebens. Jeder tut das! Selbst Leute die sagen oder denken, sie seien überhaupt nicht „spirituell". Sie tun es unbewusst. Verstehen Sie mich bitte nicht falsch – ich bin kein religiöser Fanatiker, aber Sie werden an diesen Punkt in Ihrem Leben geraten. Ich empfehle Ihnen also – seien Sie der Wandel für die Welt, den Sie sich selber wünschen! So werden Sie glücklich sein, egal welchen Glauben Sie auch immer haben mögen.

Ich wünsche Ihnen eine glückliche und reiche Zukunft.

Mit freundlichen Grüßen

Alexander Joachim Fuchs

Gründer und Herausgeber vom Goldfinger Report™

www.goldfinger-report.com

Printed in Poland
by Amazon Fulfillment
Poland Sp. z o.o., Wrocław